JN123982

そもそも

心理支援は、精神科治療とどう違うのか

対話が拓く心理職の豊かな専門性

下山晴彦・編著

Shimoyama Haruhiko

遠見書房

はじめに

臨床心理 iNEXT 代表 下山晴彦

本書は,「心理支援の専門性とは何か」をテーマとした対談集です。

我が国における従来の心理支援は,その心理職が信奉する学派の心理療法を来談者に実施する「プライベート・プラクティス」が理想モデルでした。しかし,心理職の国家資格である公認心理師ができたことで,心理支援を,広く国民が利用できる「パブリック・サービス」として提供するモデルへと,パラダイム変換が進んでいます。

ただし,公認心理師制度は,到達目標からも分かるように医学モデルの影響が強くなっており,単純に心理職のための制度とは言えません。このような状況変化の中で**「心理支援の専門性」**をどのように位置付けるのが良いでしょうか。医学モデルに従うのが良いのでしょうか。あるいは,心理支援の独自の専門性を発展させることが必要でしょうか。

これは,「心理職の主体性」と関わるテーマでもあります。

本書の記事は,オンライン広報誌**「臨床心理マガジン iNEXT」**に掲載された対談に,新たに実施した対談を加えて編集した選りすぐりのコレクションです。さまざまな年代の心理職や精神科医に加えて脳科学者の茂木健一郎氏など,多彩なゲストを迎えての対談となっています。読者は,精神科医療との比較を通して,さらには現代の社会変化との関連で「心理支援の専門性」と「心理職の主体性」の最新動向を知ることができます。

多くの皆様が,本書をきっかけとして**日本のメンタルケアの改善**と,**心理職の発展**に関心を持っていただけると幸いです。

臨床心理 iNEXT/iCommunity の活用について

本書の対談で言及されている研修会は，「臨床心理 iNEXT」主催で既に実施されています。それらの動画記録のほとんどが，一定期間をおいた後に臨床心理 iNEXT 会員の学習教材としてアーカイブに収納されます。「心理職（公認心理師／臨床心理士）」および「心理職を目指す学生」は，臨床心理 iNEXT の有料会員になることで，アーカイブ収納の研修会動画を自由に視聴できます。 ただし，会員のステータスによって，視聴できる教材は異なります。

■「臨床心理 iNEXT」は，私が東京大学在職中の 2019 年春に，「心理職の明るい未来を創る」ことを目標（Vision）とし，「心理職のスキルアップとキャリアップを応援する」ことを使命（Mission）とするオンライン会員組織としてスタートしました。有料と無料の会員があります。
（臨床心理 iNEXT ☞ https://cpnext.pro）

「臨床心理マガジン iNEXT」は，「心理職（公認心理師／臨床心理士）」および「心理職を目指す学生」の会員組織「臨床心理 iNEXT」の無料広報誌として 2020 年春に創刊し，現在も"ほぼ毎週"発行を続けています。「臨床心理 iNEXT」の会員になることで「臨床心理マガジン iNEXT」の配信を受けることできます。

■ 2023 年には，登録した会員メンバーが情報共有や意見交換を自由にできる場として「iCommunity」を，新たに併設しました。
（iCommunity ☞ https://cpnext.pro/lp/icommunity/）

iCommunity メンバーになることで「心理支援の専門性」や「心理職の主体性」について安心して，自由に情報交換ができるオンライン・コミュニティに参加できます。

目　次

目　　次

第 9 部　心理職の未来に向けて

第1部

精神医療の最新動向と心理支援の未来

第1章

日本の精神医療の中で心理職はどうするか？

黒木俊秀　下山晴彦

1．対談の背景

　私（下山）が黒木先生から"緊急"マーク付きのメールで「心理師国家資格化に関する法案を今期国会に提出する運びとなりつつあるので，法案審議に関する資料とするために単年度の厚労科研特別事業を行うので協力してほしい」とのご連絡を受けたのが 2014 年の 4 月でした。それを受けて村瀬嘉代子先生が中心となり，黒木先生や私も参加して厚生労働科学特別研究事業として「心理職の役割の明確化と育成に関する研究」を実施し，その報告書を公刊したのが 2015 年でした。その年に公認心理師法が成立しています。

　私は，あの報告書を作成した時点では，公認心理師制度が現在のような方向で進むとは思っていませんでした。そのような予想外の展開はあったにしろ，黒木先生からメールをいただいてから早くも 10 年が経ったのかと感慨深いです。そのような時に，黒木先生をお迎えして対談できることをとてもありがたく，そして楽しみしております。今回は，「精神医療の最新動向と心理支援の未来」といったテーマでお話を伺います。

　対談に先立って黒木先生からは，「精神科診断は，世界的に大きく変わろうとしている。従来の精神科診断では，病名を当てはめるカテゴリカル分類であったが，臨床心理学研究によって，その信頼性や妥当性は否定されている。その結果，精神科診断は，臨床心理学研究の成果に基づいて新たにパーソナリティ特性などに基づくディ

メンジョナルなものに移行しつつある。DSM-5 の作成過程ではそのような議論がかなり深まっていた」という趣旨のお話を伺いました。

　海外，特に米国では，心理学が精神医学の在り方に影響を及ぼしているとのことで，日本の現状とは逆の関係であり，正直ショックを受けています。対談では，このような海外の精神医療や臨床心理学の最新動向を踏まえつつ，日本の心理支援の未来について話し合いたいと思います。

2．日本の精神医療改革の遅れと心理支援の課題

【下山】世界の動向に反して，日本では旧来の精神科診断に拘った精神医療が行われています。むしろ，世界でも突出して，旧式の医学モデルによる精神医療が根強く残っています。このような旧式の医学モデルに拘る日本の精神医療だからこそ，精神病院の数が多く，入院期間も長い，拘束も多く，薬物の多剤大量投与も多いという問題を抱えているのだろうと思います。

　その一方で日本の心理職も多くの課題を抱えています。学派ごとに内輪で固まって派閥集団を形成し，自らの学派の心理療法モデルに従った心理支援のみを提供する学派主義が根強く残っていました。しかも，心理支援の提供の仕方は，プライベート・プラクティスモデル（個人開業）が前提となっていました。その結果，ユーザーが求めるような相談サービスを提供できていないという問題がありました。

　このように日本では，精神医療も心理支援も深刻な問題を抱えており，国民のメンタルヘルスの改善が進んでいません。そこで，その問題改善のため

下山晴彦
／しもやま・はるひこ
（跡見学園女子大学，
東京大学名誉教授）

に公認心理師の導入が進められたわけです。心理職について言うならば，旧式のプライベート・プラクティス・モデルからパブリック・サービス・モデルへの移行を進めるために公認心理師制度ができたのだと思います。それは，日本のメンタルヘルス向上のためには必要なことであったと思います。

　しかし，公認心理師制度において心理職は，医師の指示の下で活動することが法律で決まっており，その点で精神医療の中に組み込まれていくことになります。旧式の医学モデルが強い精神医療の中で心理職は自らをどのように位置付けたら良いのかという，新たな課題が出てきました。

　そこで，まずはこのような状況において心理職はどのようにしていったら良いのかについて，黒木先生のご意見を伺いたいなと思っています。黒木先生は九州大学で精神医学を修め，指導的立場におられた後に，臨床心理の方に異動されて心理職教育にも携わって来られました。精神医療と心理支援の両方をご存知の先生に，心理職が今後進むべき道についてご意見を伺いたいと思います。

3．心理職における学派主義の影響

【黒木】僕は，精神医学から臨床心理学の業界に来て，一番驚いたのは，大学院を修了した後の研修制度が全然確立されていないことだったんですよね。今のような医師の研修制度ができる以前でも大学病院というのがありますからね。医学部を卒業するとそちらで研修する。それは他の医療職も一緒ですよね。看護師とか薬剤師もそうだし，そういうモデルがあります。他の理学療法士や作業療法士だと必ずしも大学病院ではないけれども，やはり研修病院みたいなところがあってそこでトレーニングを受けるんです。

　心理職については，公認心理師ができる前の臨床心理士の時代は，スクールカウンセラーがモデルとなっていた。結局，大学院を修了しても 1 年間は無資格。やっと 1 年経って臨床心理士の資

格を取っても，一番大事な時に，ある
程度標準化された，ある程度質の担保
された研修を受けられない。あるいは
受ける機会が非常に限られていた。そ
れに驚きました。雇う側としては，大
学院を修了後にどのようなトレーニン
グを受けてきたかがわからない人を雇
用はできない。

黒木俊秀
／くろき・としひで
（精神科医，臨床心理士，医
学博士。九州大学医学部卒
業。九州大学大学院医学研
究院准教授，国立病院機構
肥前精神医療センター臨床
研究部長を経て，九州大学
大学院人間環境学研究院臨
床心理学講座教授。教育学
部長などを歴任した後，現
在は九州大学名誉教授・中
村学園大学教授）

【下山】私は，先ほど日本の心理職は学派
主義が強かったと言いました。標準化
されたトレーニングがないのは，それ
が影響していたと思います。徒弟制度
で職人を育てるといった育成方法が目
指されていたように思います。先輩が
後輩に「俺の背中を見て育て」と言う
やり方ですね。それぞれの心理療法の
学派の中で，そのような育成をしてい
ました。日本では，「心理臨床家」と言
う表現がしばしば使われていましたが，
それは学派として“一家を成す”とい
ったイメージがあったのだと思います。

【黒木】おそらくスーパービジョンが大学院を修了した後の研修と位
置づけられてきたんでしょうね。

【下山】しかも，それを各学派によって個別にやっていたと言えます。
パブリックなサービスの担い手としての心理職の訓練という発想
が無かったのだと思います。それぞれの学派が個別に育てるとい
う発想ですね。実際，学派ごとの学会がありました。「派閥に入れ
ば育てるけど，その他は知らない」という傾向が強かったですね。
その結果，先生がおっしゃるように奇妙な状態になっていた。心
理支援をパブリック・サービスとして見るならば，公的なレベル
の訓練がスタートしていなかったと思います。

4．無理のある公認心理師の研修制度

【黒木】日本の心理臨床の中には，「若い時から，ある一つの学派に入って，そこをとことん極めるべきだ」みたいな考え方があるじゃないですか。

【下山】ありました。今でもあると思います。

【黒木】ところが医療の世界では，「まず若い時は，内科・外科を問わず，各分野を全般的に学びなさい」という原則があります。昔は，医学部を卒業するとすぐに精神科医局に入ったり，内科や外科，あるいは小児科や産婦人科に進んでいたものです。しかし，現在はジェネラルに 2 年間トレーニングする前期研修が必須ですね。その上に専攻科や専門分野がある。さらに精神科を専攻した場合でも，「自分は子どもを専門にしたい」と希望する若い人がいたら，「ならまず大人や老人の患者さんをたくさんみなさい」と指導される。認知行動療法に関心があるなら，まず精神科薬物療法を習得しなさいとか。そうすることで，精神科医療全体の特徴を理解してゆくわけです。実際，若い頃の僕はいろいろな研究室や研究会をのぞいて回ってみたものです。ですから，心理職も，最初はジェネラルにいろいろな領域やスキルを学んだ上で，何か自分に合う専門の学派なり理論を学んでいくのが良いのではないかと思います。だから，僕が臨床心理の世界に移った時に「いろいろな学派とか立場の人にスーパーバイザーになってもらうのがいい」，「臨床にはさまざまな考え方があることを知ることが大切」と言うと，周囲は驚いたようです。

【下山】そういうことをしたら，"道場破り"になってしまうということでしょうね。公認心理師の導入前は，学派単位で動いているところがありましたから。ただ，心理職の現状では，医療職のように現場研修をすれば良いというわけにはいかないところもあります。と言うのは，日本の場合，現場でその準備ができていないという問題があるからです。

　私は，英国の臨床心理職の教育訓練を研究してきたので，日英を比較してその違いは明らかです。英国では，臨床心理職が現場で常勤職として働いてきた歴史があります。多くの臨床心理職は，コミュニティの中のメンタルケアのチームの常勤メンバーとして働いています。ですので，英国では心理職の訓練は現場の臨床心理職が中心になって行っています。

　しかし，日本では，医療も行政も心理職を現場の常勤職として配置する努力をあまりしてこなかった。その結果，日本の心理支援の現場は，非常に脆弱で不安定です。多くの心理職は非常勤です。雇用も不安定です。そのためジェネラルな卒後研修以前に，心理職教育においては，適切な現場研修が成立し得ない職場環境でもあるわけです。

　ところが，先日，『公認心理師実習演習担当教員及び実習指導者養成講習会』という法定講習会に出たところ，高い到達目標を掲げて無理に学外実習をさせる体制を作ろうとしている印象を受けました。しかし，実際には，貧弱な日本の心理支援の現場で研修をさせるのは非常に無理があります。大学は，適切な研修の場を探すのに苦労しています。現場の心理職も自身の活動で精一杯です。その結果，公認心理師教育では，かなり無理な到達目標を強いられているのが現状だと思います。

5．医療経済的観点から見た精神医療の現状と心理職の行方

【黒木】そこは本当に大きな問題ですよね。しかも，コロナ禍があって精神医療の方も収益が上がりにくくなっていて，経営的に非常に困っている医療機関が少なくないですよね。それから，しばしば批判される日本の精神科病院の入院患者数は，現在はもう30万人を切って，27万人台ですね。新規の入院はあまりないし，短期間に退院するので，入院患者数は徐々に減ってきています。公認心理師法が成立した当初は，公認心理師が常勤化されるような診療報酬の改定が期待されていたのですが，コロナ禍のせいで阻ま

れてしまいました。実は，公認心理師をフルに活用するように診療報酬の改定を行おうとすると，それだけで数百億円規模の財源が必要になりますが，医療費は限られているので，容易ではありません。となると，どこかを削って充当しなければならない。ギブ・アンド・テイクの関係なんですよ。それが難しい。

【下山】 心理職は，そのような経済面への関心が弱いということもあります。

【黒木】 それでも令和6年度の診療報酬改定でPTSDの患者に対する心理支援加算（250点，月2回）が，看護師や精神保健福祉士ではなく，公認心理師にのみ認められたことの意義が大きいですね。今後，こうした心理支援加算の対象が少しずつ拡大してゆくものと思います。それにしても，精神医療というのはもともと収益性の低いプアなマーケットなんです。総合病院で仕事をすれば分かるけど，精神科は内科・外科から全然相手されていない。

【下山】 経済的にという意味ですか？

【黒木】 はい，不採算部門ですからね。

【下山】 精神科の患者さんは多いと思うのですが。

【黒木】 外来は多いけど，診療報酬が低く設定されていて，病院全体の収益にほとんど貢献しません。病院長のヒアリングではいつも精神科の収入が最も低いので肩身の狭い思いをしています。残念ながら，精神医療は薄利多売の商売です。初診に1人60分以上かけるよりも20分で3人診たほうが収入になるんです。そんなところですから，あまり心理職にはお勧めできません。

　むしろ最近の診療報酬の動向を見ると，ICUに入院している重症患者の対応メディエーター（重症患者初期支援充実加算）とか，不妊治療を受けている患者の支援（生殖補助医療管理料1）とか，心臓病や糖尿病による休職中の患者のリワーク支援（療養・就労両立支援指導料）など，精神医療以外の領域に公認心理師を活用する傾向にあります。今後，公認心理師には，精神科よりも，小児科や産科，内科，外科から声がかかるようになるでしょう。

6．日本の精神医療の古い体質は変わらない

【下山】なるほど。保健・医療分野では，精神医療以外に心理職の現
　　場を広げていくことが重要ですね。ただ，その一方では，日本の
　　心理職は，精神医療の影響を強く受けているのが現実です。黒木
　　先生は，海外の精神医学や精神医療の状況をウォッチしておられ
　　るので，精神科診断の不安定性が明らかとなり，精神医療のあり
　　方も変わってきていると指摘されています。しかし，残念ながら，
　　日本の精神医療は未だに旧い医学モデルに拘っている。そのよう
　　な状況において公認心理師は，その日本の精神医療の影響がとて
　　も強い。では，日本の心理職は，どのようにしたら良いか。日本
　　の場合，心理職がその旧い精神医療の中に入っていくのは，かな
　　り限界があり，良いことではないように思うのですが，どうでし
　　ょうか。

【黒木】良いことはないと思いますね。

【下山】そんなこと言っていいですか。

【黒木】本当にそう思います。それは，若い時から感じていました。
　　1960年代にわが国の入院中心の精神医療が成立した背景として，
　　従来，社会防衛目的と営利目的が強調されてきましたが，貧困層
　　の家庭を重い精神障害者を抱える負担から救済するという福祉的
　　な側面もあったのです。長期入院を下支えしてきたのが，生活保
　　護制度でした。そういうわけですから，マーケットとしての魅力
　　も乏しく，狭く閉鎖的であり，自ずと保守的にならざるを得なか
　　ったと思います。昭和の最後の年（1988年）に精神保健法（後
　　に精神保健福祉法に改正）が施行され，平成時代に整備される精
　　神医療関連の諸制度の先駆けとなったのですが，残念ながら，わ
　　が国の精神医学・医療の内部から改革が導かれたわけではありま
　　せん。変わるのは，常に外圧ですよね。

【下山】内部からは自発的に変わらないのですね。確かに私も海外の
　　メンタルヘルスを見ていて，日本の精神医療は不思議なくらい変

わらないと思っていました。

【黒木】変わらないです。本当に保守的です。かたや, 僕が1990年代に留学していた北米の大学病院はいつの間にか精神科病棟を閉鎖しています。おそらくは経営上の理由によるものです。跡地には立派な駐車場が建設されていますから。そういう意味では, あちらの経済原則はラジカルですし, シビアです。日本のように安穏とはしておれません。（次章に続く）

第 2 章

心理職の未来に向けて期待すること

黒木俊秀　下山晴彦

1．公認心理師は日本の旧い精神医療を支える役割で良いのか？

【下山】確かに日本の精神医療の旧い体質は本当に問題ですね。WHO からも指摘されているのにも関わらず，本質的なところでは変わっていない。公認心理師は，そのような旧式の医学モデルを前提とする精神医療の中に入っていくことになっています。ある意味では，心理職は，そのような旧い体質の精神医療を支えるための役割を担わされることになりかねないですね。

【黒木】そうなんですよ。つまらないですよ。よっぽど，内科や小児科の医師と組んだ方が面白い。医師の指示なんて形だけで，好きにやらせてくれますよ。そういう例をいくつも知っています。だから，総合病院で働いた方が自由にできると思います。

【下山】それはわかるような気がします。私自身は，そのような精神医療が中心となっている日本のメンタルヘルス領域において「日本の心理職は自分たちの心理支援サービスをどのように発展させていくのが良いか」，「そもそも心理支援の専門性はどのようなものか」ということを日々考えています。心理職は，医師の指示の下で活動するということで，忖度をして医師が望むような仕方で働き，そのための訓練を受けなければいけないのかとも思います。

　昨年末から今年にかけて実施された法定研修会では，心理職は現場研修をしっかりやるように教育訓練しなければいけないという趣旨の講義がほぼ全てを占めていました。しかし，公認心理師

制度の到達目標と日本の現場の実態がズレている現状では，それは無理な注文となっています。

　このような状況の中で心理職はどんどん委縮しているのではないかと心配になります。場合によっては，医師の忖度をしてミニ精神科医のような心理職も出てくるのではないかと思ったりもします。あるいは，単に旧い医学モデルに従っている医師の指示に従って，医師ができないところのカバーする心理職ばかりになっていくのではとも心配になりました。そうなると，心理職にとっても残念だし，さらには日本のメンタルケアにとっては，さらに残念なことになってしまうと懸念しています。

【黒木】そうだと思いますね。

【下山】そのような心配や懸念は間違ってはないということですかね。

【黒木】そう思いますよ。

2．心理職にはアセスメントツールの開発をしてほしい

【黒木】今回の対談に先立ってお話をしたように精神科診断に関して少しずつ診断学の流れが変わってきています。発達精神病理学だけでなく，精神力動論も，従来の精神分析の流れとは異なる方法論をたずさえて，装いも新たに登場していると思っています。

【下山】複雑性 PTSD に関連した動きですね。精神科診断においてトラウマのような脅威の体験が及ぼす影響の意味を見直すという考えですね。

【黒木】そうです。そこがトレンドとしてあるわけです。ただし，心理職の人にとっては，それを PTSD とか C-PTSD と診断すれば良いというのではないですね。むしろ，戦略的な考え方になるけど，そのためのアセスメントツールを開発し，習得することが大切になります。そうすれば，どこでも強いポジションを確保できます。

【下山】心理職は，医学的な診断モデルのお先棒を担ぐのではなくて，新たな診断モデルとなってきているディメンジョナルな問題理解のためのアセスメントを心理職の専門性の道具にしていくという

発想ですね。特に C-PTSD における自己組織化の問題を把握できるアセスメントツールは重要ですね。心理職は，そのようなツールを専門性の手段として発展させたいですね。

【黒木】その際は，世界標準的なスキルやツールを用いることをしてほしいですね。以前から気になっていることの一つとして，日本のロールシャッハの解釈は，片口法もあれば，エクスナーの包括システムもあり，その他にも複数の方法があって，いまだに統一されていません。一方，21 世紀に入って，北米ではエクスナー法の妥当性が厳しく問われたために，Joni Mihura らが精力的に系統的レビューを行い，大幅な見直しがなされた結果，R-PAS が開発されました。そうした彼らの自己批判も厭わない戦略的なアプローチを日本の心理職も取り入れて欲しいと願います。みんなで力を合わせて戦略的に行動しないと，心理業界全体の底上げにつながりません。

【下山】日本では，未だに派閥内の内輪の論理で物事が決まっている状況ですね。片口法を大切にするグループがあります。その他に名大方式という方法もあったりします。結局学派主義であり，プライベート・プラクティスの発想ですね。心理支援をどのようにパブリックな活動にしていくのかは，心理職自身が取り組まなければいけない課題だと思います。精神医療も変わらなければいけないですが，それ以上に心理職も変わらなければいけないですね。

3．派閥主義を超えて心理職の未来を描くには何が必要か？

【黒木】無論，精神科も変わらなければいけないですね。1990 年代までは精神神経学会は学会としてほとんど機能しませんでした。むしろ，その頃，割と元気だったのは総合病院精神医学会のほうですよ。その他の職能団体としては，精神科病院協会や精神神経科診療所協会，それから自治体病院や国立病院の精神科のグループなどがありましたが，対立しがちでした。しかし，それでは厚労省と交渉ができないということで，精神医学講座担当者会議も

加わって，七者懇（精神科七者懇談会）ができたんです。だから，心理職もせめてそういう統一した窓口を作らないと厚労省としても話の聞きようがないという気はしますね。

【下山】先生がおっしゃったように，心理職の職能団体や関連学会が分裂していて，まとまらないですね。これは，心理職がどのように自分たちの未来の設計図を描くのかということとも関わっていて，とても深刻な問題になっています。公認心理師法には「心理職は医師の指示の下で活動する」ということが規定されています。それは，心理職の発展のためにはならないと思います。しかし，「だったら，心理職はどのようにして社会的信頼を得ていくのか，どのように社会的に自立した存在になるのか」と問われても，今の職能団体は答えられないと思います。そもそもそのような話し合いができないと思います。ですので，まずは職能団体の分裂に見られるような派閥主義を解消しなければいけないですね。

　それとも関連するテーマなのですが，心理職はどの方向でまとめっていくのかということです。現在のところは，認知行動療法を軸としてまとまっていく方向が強いかと思います。しかし，認知行動療法は現実適応を目指すものです。果たして過剰適応の問題を抱える日本の心理支援の場合，それだけで良いのかと思ったりします。複雑性 PTSD への対応という点では，認知行動療法とは違う動きも出てきているというお話も先ほどありました。

【黒木】支援の場所が変化してきていると思います。日本の PTSD の臨床と研究は，自然災害の被災者支援を中心にして発展してきました。海外のように戦場における傷病兵のケアによって発展したわけではないですね。今も欧米のサイコロジストは戦乱の被害者たちを支援しようとウクライナやガザ地区の周辺に集結しているわけですが，わが国では遠い国の話です。しかし，この数年間にコロナ禍もあって，従来の「心のケア」の支援モデルでは立ち行かなくなっています。そのためか，心理支援の方向も変化してきています。たとえば，信田さよ子先生がなさってきたような活動が注目されるようになっています。先に申しました PTSD に対

する心理支援の診療報酬加算は，こうした変化への追い風になるでしょう。

4．心理職には多職種チームのコーディネーターになってほしい

【黒木】 今後は，心理職が来談を待っている相談室モデルではなく，むしろ相談室に来ることができない人たちのケア，つまりアウトリーチのようにこちらから出向いていって支援する方法が必要となると思います。そのためには心理職だけででは限界があるので多職種連携が活きてくると思います。

【下山】 医学モデルの傘の下の連携ではなくて，コミュニティに出て行って，そこの中で生活の中で苦境にある人を多職種支援でチーム支援をするというアプローチですね。

【黒木】 そのようなチームのコーディネーターとして機能するのは，心理職だと僕は思います。

【下山】 海外ではそのようなメンタルケアの多職種チームでは，心理職がリーダーをしたり，コーディネーターをしたりしていますね。英国では，心理職の他にコミュニティ・ナースといった保健師がそのような役割を取っていたりします。そういう意味では心理職にはリーダーシップをとる技能が必要だと思います。公認心理師で想定されている役割は，医師の指示の下で活動する技術者や行政の枠組みの中で働く実務者ですが，それだけだと心理職にとっては発展性がないですね。

5．心理職の専門性の発展のために何が必要か？

【下山】 今の公認心理師制度の教育は，修士課程のみの短期間の詰め込みですので，とてもリーダーシップを育成することはできません。高い専門性と主体性を備えたリーダーシップを取れる心理専門職をどのように育てるのかは，心理職のとても重要な課題です。公認心理師制度ができて，そのような心理専門職を育成するシス

テムが壊れてしまいました。公認心理師養成の修士課程を出た人のほとんどは博士課程には行かずに現場に出ます。そして，非常勤を掛け持ちする中で毎日を過ごすだけで精一杯になり，専門性を高めることができなくなっていきます。

　医学モデルに基づいて医師が中心となるヒエラルキーが強すぎることが，日本のメンタルヘルスが改善しない原因の一つでもあると思います。その点では深刻な日本のメンタルヘルスの問題を改善するためには，海外のように心理職が専門性を高めてリーダーシップを取り，医師と組んで多職種協働のチームを作っていくことが大切だと思います。

【黒木】そうですね。ちょっと法律ができるのがタイミングとして遅すぎたかなと思います。もう少し早い時期だと，日本経済がこれほど凋落していなかった。そうであれば，公認心理師が常勤で働ける場を多く作ることができたと思います。その後，コロナ禍もあったので，一番悪い時期に公認心理師制度ができましたね。

【下山】先生は九州大学で心理職の育成に関わっておられた。その経験も踏まえて心理職が頑張らなければいけない点などご意見を頂けたらと思っています。

【黒木】これまでも心理職の専門性についてはいろいろと議論をされてきました。僕らより上の世代の方々は心理職の独立性や独自性を強調されていた。しかし，あれは結果的には戦略としてどうだったのだろうと思うことがありますね。つまり，心理職の役割が医師や看護師，あるいは教師のオルタナティブとして位置付けられていて，被援助者（クライエント）の普遍的要素よりも個別性に注目するのであると。しかし，心理職以外の職種から見ても，対人支援職だったら一人ひとりの個別性を重視してアプローチするのは当たり前ですよね。それを心理職の専門性としてことさら強調したのは業界内の共通認識とはいえ戦略として適切であったのでしょうか。他職種の職能団体と交渉する前提を失ったのではないかという気がします。

【下山】心理職の国家資格化を遅くしてしまった面はありますね。

【黒木】二資格一法案が廃案になった経緯もいま一度先入観を持たず
に分析してみると，心理職側の戦略のヒントが得られるような気
がします。まあ，もう昔のことだから忘れちゃっても良いですか
ね。

6．「心理職の専門性とは何か」を悩み，考えてほしい

【下山】最後に日本の心理職の未来に向けてエールを送っていただけ
ば嬉しいです。

【黒木】一つ言いたいのは，精神科医もそうですけど，「自分の専門
性はなんだろう。公認心理師はなんだろう。臨床心理士は一体何
の仕事をやっているのだろう」と悩むことにこそ，僕らの専門性
があるかもしれないということですね。対人支援職として成長す
るためには，その専門性に悩むことがとても大事なことではない
かと思います。

　僕自身も精神科医になって2，3年目だった頃ね。何も身につい
てないわけですよ。内科や外科に行った連中は次々に確固たる技
術を身につけていた。内視鏡検査であるとか，ちょっとした手術
であるとか，メキメキ腕を上げているわけですよ。こちらは数年
経っても何もわからないし，何にもうまくならない。昔，ロビン・
クックっていう作家が「内科医は何でも知っているけど，何もし
ない。外科医は何も知らないけど，ともかくやってしまう。精神
科医は何も知らないし，何もしない」とか言っていましたね（笑）。
そんな感じで本当に「精神科医と何をするのだろうか」とずっと
悩んでいましたね。でも，それでも振り返るとやっぱり専門性で
悩むことは大事だという気がしますね。

　心理職の専門性というのは，なにもこころだけが対象ではあり
ません。たとえば，最近の北米のサイコロジストは，脳神経科学
的な知見をどんどん取り入れて心身相関の方に目を向けています
ね。今一番のトピックは，LSDとかエクスタシーのようなサイケ
デリックドラッグを併用した心理療法ですね。

【下山】PTSD に効くって話ですよね。

【黒木】そうです。難治性の PTSD に効くということですね。面白いのはその研究を先導しているのはトランスパーソナル心理学の後継者ですね。二重盲検比較試験でポジティブな結果が出て，Nature Medicine 誌に掲載され，その影響で多くの研究費が集まるようになったわけです。それは，河合隼雄先生が仰っていた、こころとからだの中間の領域かもしれません。このように心理職の専門性はいまも多方面に広がっています。

7．臨床心理学の世界ではワクワクすることが起きている

【下山】そのためには，若い心理職の皆さんが安心して専門性について迷い，悩み，仲間と共有できる場所を作ってあげないといけないと思います。

【黒木】そうなんですよ。若くして特定の学派や派閥に没入してしまっては，「専門性とは何か」を考える機会をなくしてしまうように懸念します。結果的に他の学派や派閥の人たちと対話できなくなってしまいます。専門性についてともに悩み，対話することが大切ですね。

【下山】本当に学派や派閥による心理職の分裂や分断は解消していきたいですね。さらに公認心理師制度が強制的になって心理職が自らの専門性で悩んだり，迷ったりするのを抑制してしまわないようにしなければと思っています。

【黒木】そうです。その通りです。精神科診断学もそうだし，心理学もそうだけど，昨日の理論が軋んでは，また新しい仮説や理論が生まれています。精神科診断も，心理学の手法によってその枠組が大きく変わろうとしています。臨床心理学においても脳神経科学の影響を大きく受けつつあり，サイケデリックドラックを用いた心理療法も話題になっています。

　僕は，このような新たな専門性の展開は，素晴らしいことだと思うんですよ。それにワクワクしないといけないと思う。臨床心理

学の世界に来てよかったと思うのは，心理学はすごく広大で，かつダイナミックで，いまもワクワクすることがいっぱいあるからです。今の日本では，そのワクワクがあまり見えない。でも，世界の臨床心理学は目まぐるしく動いているんです。

【下山】日本でも公認心理師ができたところで止まらないで，臨床心理学も精神医学も変化し，そのワクワクの中でお互いの専門性が発展できると良いですね。

※）臨床心理 iNEXT では，臨床心理学のワクワク感を共有するオンライサイトです。ぜひ，多くの方に参加していただきたいと持っています（https://cpnext. pro）。そして，心理職の専門性を一緒に考え，悩み，仲間で共有をする場として iCommunity を提供しています（https://cpnext.pro/lp/icommunity/）。

第2部

医療中心主義の限界を超えて

―――――――
第 3 章
―――――――

何とかしようよ！ 日本の精神科医療

下山晴彦　北原祐理

1．臨床心理学の未来を語るトークイベントに向けて

　臨床心理 iNEXT では，脳科学者の茂木健一郎さんをゲストにお呼びして「臨床心理学の未来を語る」と題するトークイベントを開催します。そのイベントに先立って茂木さんから，日本の臨床心理学の“現在”を知るために「日本の精神医療の現状と課題」をテーマにしたいとの要望がありました。また，臨床心理学の“未来”という点では，「ICT を用いた心理支援の可能性」についても議論したいとの希望も出されました。

　そこで，茂木さんから要望のあったテーマに関する状況を以下にまとめました。本章の内容が後の章を読む際の問題意識の共有となればと思っています。

2．コロナ禍で露呈「日本の医療体制の深刻な現状」

　折しも日本経済新聞の第一面のトップに，日経・日経センターの緊急提言として「保健医療　政府に指揮権を――デジタルで危機に強く」との記事が掲載されました[1]。

　そこでは，「コロナ患者の治療に積極的に取り組む医療機関とコロ

―――――――――――――――――――――――――――――
※ 1 ）日本経済新聞電子版記事（2022 年 2 月 21 日）．https://www.nikkei.com/article/DGXZQOCD156BZ0V10C22A2000000/

ナ患者を忌避する医療機関との二極化が明らかになった。地域によっては感染の急拡大期に医療人材の不足と病棟・病床の逼迫をもたらし，自宅療養を余儀なくされた患者が死にいたるなど深刻な事態をもたらした」と明確に指摘しています。

　さらに「医療機関が自由開業制と診療科を自由に決められる特権的な扱いを受けていることについても『厚生労働省は医療団体に配慮し，長年にわたり改革を怠ってきた』として政策の不作為を問題視している」と厳しく断じています。

　要するに，保険診療を担う病院や診療所の経営は，我々国民が納めた保険料や税金で支えられているのにもかかわらず，コロナ禍対応では政府の要請に応じることなくコロナ感染で苦しむ国民の治療を回避した医療機関が少なからずあった，ということが明確になったのです。

　そこで，上記の記事では，政府と都道府県当局のガバナンスを高めるための医療提供体制の再構築が必要であり，それとともにデジタル技術を駆使したヘルスケア・トランスフォーメーションが急務であると主張しています。

3．日本の精神医療体制は大丈夫なのか？

　では，我々心理職が深く関わる精神医療の体制は，どうなっているのでしょうか。国民が納めた保険料や税金に見合うだけの医療サービスを国民のために提供できているのでしょうか。日本の精神医療は，本当に国民の精神的な幸せ（well-being）を高めるために貢献できているのでしょうか。

　公認心理師法第42条第2項において公認心理師は，主治医の指示に従わなければならないことが規定されています。そのため，医療，特に精神医療が不適切なサービスをしていたとしても，公認心理師はそれに従わなければならないことになります。つまり，公認心理師は，精神医療に組み込まれてしまっています。その点では心理職にとって，精神医療のあり方は他人事ではなくなっているので

す。だからこそ，心理職は，税金を納める一国民としてだけでなく，専門職としても精神医療サービスのあり方については注視し，チェックしていく必要があるのです。

　私（下山）自身，患者様を大切にし，良質な医療サービスを提要している精神科や心療内科の先生を数多く存じ上げています。尊敬している先生方も多く，私が関連する限りの精神科医療サービスには信頼を置いています。しかし，精神医療体制全体となると，また話が違ってきます。現在の精神医療体制は，医師中心のヒエラルキーとなっており，医師以外の専門職は医師の指示に従わざるを得ない状況になっています。

4．精神病床の平均在院日数の国際比較

　そのため，我が国の精神医療サービスについては，適切なチェック機能が働いていない可能性があります。さまざまな専門職が平等に協働している海外のメンタルヘルスのチーム支援のあり方やその有効性を知れば知るほど，日本の精神医療体制は，あまりに医師中心の歪んだ体制になっていることが見えてきます。

　世界のメンタルヘルスの動向は，ホスピタリズムの深刻な悪影響に加えて財政的な問題も含めて，精神病院への入院をできる限り減らしてコミュニティで生活支援をする方針に切り替わっています。そのような生活支援の方針は，多職種協働のチームによるコミュニティ活動によって進められています。そのチームにおいて，医師は，さまざまな専門職の一つの役割でしかありません。投薬が主要な役割となっていますが，それ以外の特権はありません。医師が必ずしも多職種チームのリーダーになっているわけではありません。むしろ，心理職がリーダーになることも多くなっています。

　しかし，日本の精神科臨床は，コミュニティでの生活支援に基盤を置く世界のメンタルヘルス活動の動向とは異質な状況にあります。日本の精神病床における平均在院日数は，1999 年 35 万 8,449 床が2019 年 32 万 6,666 床と減少はしてはいますが，いまだに諸外国の

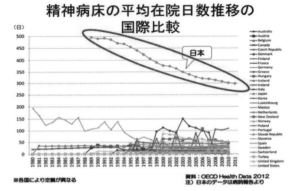

図 3-1 精神病床の平均在院日数の国際比較（厚生労働省，2014）[※2]

値と比べて突出した高い値を示しています（厚生労働省，2020）[※3]。日本の平均在院日数は，WHO から指摘を受けているのにもかかわらず，残念ながら世界でトップを維持しているのです。

5．日本の多剤大量の処方による弊害

　日本の医療中心のメンタルヘルス活動は，薬物療法の偏重という問題も引き起こしていました。精神科薬物の多剤大量投与の問題は，患者様の不幸にもつながっていました。厚生労働科学研究班（研究代表者：加我牧子）における自殺既遂者（76 名）の遺族に対する実態調査では，「我が国の精神科医療については，諸外国に比して多種

※2）厚生労働省（2014）精神病床数推移の国際比較．https://www.mhlw.go.jp/file/05-Shingikai-12201000-Shakaiengokyokushougaihokenfukushibu-Kikakuka/0000046405.pdf

※3）厚生労働省（2020）患者調査の概況．https://www.mhlw.go.jp/toukei/saikin/hw/kanja/20/index.html

類の薬剤が投与されている（いわゆる多剤投与）の実態があると指摘されており，このことが過量服薬の課題の背景にもある」と記載されています（厚生労働省，2010）[※4)]。

　また，「自殺・うつ病等対策プロジェクトチーム取りまとめ」（厚生労働省，2010）[※4)] の『過量服薬への取組——薬物治療のみに頼らない診療体制の構築に向けて』と題するレポートでは，**自殺時に向精神薬（睡眠薬，抗うつ薬，抗不安薬，抗精神病薬）の過量服薬を行っていた例が，精神科受診群の約 6 割（直接の死因が，縊首，飛び降りなど，薬物以外の場合を含む）となっています。**

　なお，本章で示すデータは，12 〜 15 年前の古いデータとなっています。このような状況において心理職の国家資格化が必要となったという点では意味があります。しかし，その後メンタルヘルス関係者の努力で状況は好転してきている面もあります。ですので，上記の記述は，データが作られた当時の問題状況と問題意識ということでご理解ください。

6．日本の多剤併用の実態

　では，具体的に，日本の精神科医療における薬物療法の偏重と多剤大量投与の問題状況を見ていくことにします。「第 22 回　今後の精神保健医療福祉のあり方等に関する検討会」（2009）[※5)] によれば，1996 〜 2001 年の 16 カ国データの国際比較では，**12 カ国が単剤投与が 50％以上であるのに対して，日本のみが 3 剤以上の投与を 50％程度行う**となっています。

　また，抗うつ剤では，諸外国は 3.4％（シンガポール）〜 25％

※4）厚生労働省（2010）自殺・うつ病等対策プロジェクトチームとりまとめについて——過量服薬への取組：薬物治療のみに頼らない診療体制の構築に向けて. https://www.mhlw.go.jp/bunya/shougaihoken/jisatsu/torimatome.html
※5）厚生労働省（2009）第 22 回　今後の精神保健医療福祉のあり方等に関する検討会. https://www.mhlw.go.jp/shingi/2009/08/dl/s0806-16b.pdf

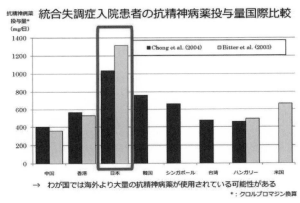

→　わが国では海外より大量の抗精神病薬が使用されている可能性がある
*：クロルプロマジン換算

図 3-2　日本の多剤併用の実態：統合失調症[※6]

報告者（調査年）	調査国	N	多剤併用率
竹内ら（2002）		1110	35.9%
藤井ら（2002）		609	19.0%
稲垣ら（2006）		307	34.9%
McManusら（1996）	豪州	55,271	5.02%
Percudaniら（2001）	伊	404,238	M: 11.77%
			F: 12.83%
Thommasenら（2001）	カナダ	136	≒ 25%
De la Gandara（2002）	スペイン		4.5%
田中ら（2002）	中国	537	11.9%
	韓国	293	24.9%
	シンガポール	72	3.4%
	台湾	387	3.6%

日本 →　竹内ら（2002）／藤井ら（2002）／稲垣ら（2006）

図 3-3　日本の多剤併用の実態：抗うつ剤[※6]

※6）厚生労働省（2009）第 22 回 今後の精神保健医療福祉のあり方等に関する検討会［資料 1］．https://www.mhlw.go.jp/shingi/2009/08/dl/s0806-16b.pdf

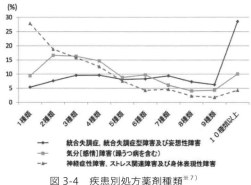

図 3-4　疾患別処方薬剤種類[※7]

（カナダ）と低い水準であるのに対して日本では多剤併用率が 19％
〜 35.9％となっています。なお，参考に疾患別処方薬剤の種類につ
いても，図 3-4 に示します。

7．精神科医療の課題は社会コストにつながる

　これまで見てきた日本の精神医療の特徴となっていた長期入院や
多剤大量投与は，深刻な医療費の増大につながってきています。し
たがって，精神医療改革は，国民へのメンタルヘルスサービスの向
上というだけでなく，日本の財政改善のために必須の課題となって
いるのです。
　『「精神疾患の社会的コストの推計」事業実績報告書』（慶應義塾，
2011）[※7] によれば，統合失調症の疾病費用は 2 兆 7,743 億 8,100
万円，うつ病性障害の疾病費用は 3 兆 900 億 5,000 万円，不安障害
の疾病費用は 2 兆 3,931 億 7,000 万円となっています。精神科医療
の社会的コストは，膨大な支出となっており，なんとかしなければ

※7）厚生労働省（2007）平成 19 年社会医療診療行為別調査　第 26 表（1 総
　　数）．https://www.e-stat.go.jp/stat-search/file-download?statInfId=000
　　002385359&fileKind=1

■ 長期入院や多剤処方の問題は，医療費の増大に繋がる
■ 2008年における精神疾患の**社会的コスト**の推計

表 1−1　精神疾患の疾病費用

(単位：百万円)

	統合失調症		うつ病性障害		不安障害	
	平均値	SE	平均値	SE	平均値	SE
直接費用	770,022	−	209,036	−	49,686	−
医療費	766,545	−	208,563	−	49,442	−
保険医療費用	750,618		208,003		49,396	
措置入院費用	6,184		236		19	
医療観察法費用	9,543		323		27	
社会サービス費用	3,477		473		244	
間接費用	2,004,359	1,067	2,881,013	9,765	2,343,484	7,008
罹病費	1,849,651	706	2,012,372	9,684	2,099,089	6,950
absenteeismとpresenteeism			1,528,748	9,439	1,381,347	6,465
非就業費用	1,849,651	706	483,624	1,629	717,743	2,070
死亡費用	154,708	783	868,642	1,359	244,395	944
合計	2,774,381	1,067	3,090,050	9,765	2,393,170	7,008

図 3-5　精神科医療の問題は社会的コストへ[8]

ならないレベルなのです。

8．では，心理職はどうするのか？

　これまで日本のメンタルヘルスの状況を見てきました。既述したように上記データは，発表時期が 2009 年〜 2014 年となっており，その後の精神科医療の関係者の努力でさまざまな改善が進んでいることはあります。その点で上記のデータは，日本の精神医療が本質的な改革を求められた状況を示すものとして参考にして議論を進めたいと思います。このような問題状況を改善するために心理職の国家資格化が求められるようになったわけです。

　いずれにしろ，上述のような日本の精神医療の状況を踏まえるならば，我が国のメンタルヘルス活動は，深刻な課題を抱えているのは確かです。これに対して心理職は，どのように理解し，対応したらよいでしょうか。**公認心理師法では，心理職は医師の指示の下で活動することが規定されています**。ここでも，医師中心のメンタル

※ 8 ）慶應義塾（2011）「精神疾患の社会的コストの推計」事業実績報告書．https://www.mhlw.go.jp/bunya/shougaihoken/cyousajigyou/dl/seikabutsu30-2.pdf

ヘルス活動が前提とされています。そのこと自体が日本のメンタル
ヘルス政策の後進性を示すものと言えます。

　そこで，心理職は，公認心理師法の限界を超えて，日本のメンタ
ルヘルス問題の改善に向けてどのような貢献ができるかを考えてい
く必要があると言えます。医療中心の発想から抜け出せない医療関
係者や行政関係者とは違う臨床心理学や心理職の観点から，メンタ
ルヘルス活動のイノベーションに向けて考えていく価値はあると思
います。それは，心理職の専門職としての社会的責任ともいえます。

　私（下山）は，臨床心理学や心理職の社会的責任として，心理支
援サービスの利用者（ユーザー）が，少しでも良質のサービスにア
クセスしやすい社会環境を整備していくことの重要性を考えていま
す。そして，そのための一つとして，ICT を用いた心理支援サービ
スを開発し，少しでも多くの利用者（メンタルケアのユーザー）に
提供していくことを試みています。

　冒頭で示した新聞記事においてもデジタル技術を駆使したヘルス
ケア・トランスフォーメーションが急務であることが強調されてい
ます。そのようなビジョンの下に私（下山）も，さまざまな ICT 活
用の心理支援サービスのツールやシステムを開発し，実装してきま
した。茂木さんとのトークイベントでは，そのような ICT 活用の心
理支援サービスを紹介し，その可能性について議論したいと思って
います。

9．ICT を用いた心理支援サービス最前線

　そこで，茂木さんとのトークイベントでは，世界における ICT を
用いた心理支援サービスの最前線の状況を紹介するとともに，我々
のチームの ICT 心理支援サービスの製品も含めて，ICT と心理支援
を組み合わせることで可能となるメンタルケアの可能性の広がりに
ついて議論を展開していきます。まさに，臨床心理学の未来を語る
ことがテーマとなります。

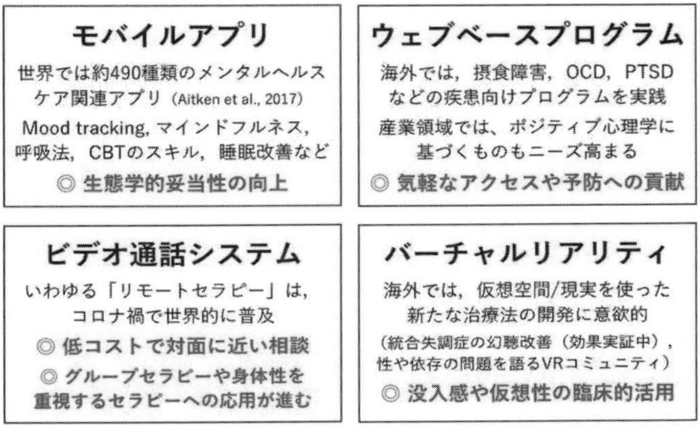

モバイルアプリ
世界では約490種類のメンタルヘルスケア関連アプリ（Aitken et al., 2017）
Mood tracking, マインドフルネス，呼吸法，CBTのスキル，睡眠改善など
◎ 生態学的妥当性の向上
ウェブベースプログラム
海外では，摂食障害，OCD，PTSDなどの疾患向けプログラムを実践
産業領域では、ポジティブ心理学に基づくものもニーズ高まる
◎ 気軽なアクセスや予防への貢献
ビデオ通話システム
いわゆる「リモートセラピー」は，コロナ禍で世界的に普及
◎ 低コストで対面に近い相談
◎ グループセラピーや身体性を重視するセラピーへの応用が進む
バーチャルリアリティ
海外では，仮想空間/現実を使った新たな治療法の開発に意欲的
（統合失調症の幻聴改善（効果実証中），性や依存の問題を語るVRコミュニティ）
◎ 没入感や仮想性の臨床的活用

図 3-6　ICT を用いた心理支援の種類と特徴[※9)]

対象 × 専門性 × 付加される技術
〔個人－集団〕〔専門的－非専門的〕〔AI, センサー技術, GPS…〕
y軸：専門性
z軸：ICT 媒体
非専門的
準専門的
専門的＊
IV：バーチャルリアリティ
III：ビデオ会議システム
II：ウェブベースプログラム
I：モバイルアプリ
x軸：対象
個人
小集団
コミュニティ
集団
付加される技術
人工知能（AI）
（データの解析／予測，自然言語処理を活用したやりとりなど）
ヒューマンセンシング
（生理指標追跡，表情認識など）
位置情報システム
（GPS による位置情報の取得，行動パターン／量の推定など）
…

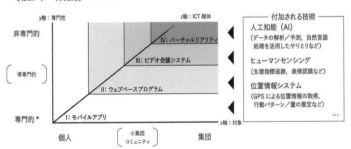

図 3-7　ICT を活用した心のケアの次元に関する試案[※9)]

臨床心理マガジン iNEXT
2022 年 2 月 23 日公開
（特集 臨床心理学の未来に向けて）
Clinical Psychology Magazine "iNEXT", No.27-3

※9）北原祐理（2021）ICT 活用の心のケア最前線――世界的動向，精神療法，47(3); 17-22.

第 4 章

精神医療の影響が強すぎないか？

茂木健一郎　下山晴彦　北原祐理

1．茂木健一郎さんをお迎えする経緯

　臨床心理 iNEXT では，専門の脳科学だけでなく，幅広い領域で積極的な発言をしている茂木健一郎先生をゲストにお迎えして，「茂木健一郎さんと臨床心理学の未来を語る」というトークイベントを開催いたします。

　本章では，茂木健一郎先生（以下，親しみを込めて「茂木さん」と表現，その理由は後述）と，私（下山）の研究室の特任助教（当時）の北原さんにも若手代表として参加してもらい，トークイベントの準備として鼎談をすることにしました。

　ところで，読者には，なぜ茂木さんが登場するのか不思議に思った方も多いと思います。そこで，茂木さんと私下山との関係について簡単にご紹介をさせていただきます。茂木さんは，東京大学の理学部を卒業した後に法学部に学士入学しました。そして，法学部を卒業した後の進路についていろいろと考える中で，当時私（下山）が常勤心理職として仕事をしていた同大学の学生相談所主催のエンカウンターグループに参加しました。

　茂木さんは，そこでの体験をきっかけとして学生相談所で箱庭を製作し，夢を報告することになりました。その経験を一緒にしたのが，私でした。箱庭も夢もとてもユニークなものであったので，茂木さんとの箱庭療法と夢分析は，私にとって非常に印象深い経験でした。

その 30 数年後に，私の研究室の特任助教（当時）をしている北原祐理さんが，東京大学の情報理工学系研究科における茂木さんの講演をお聞きし，下山の研究室に所属していることを伝えたことをきっかけとして茂木さんと私が再会したという経緯があります。その再会が，今回のトークイベントへのご招待につながったわけです。

2．医療の影響力が強すぎないか？

【下山】さて，茂木さんは，信田さよ子先生とご共著で『明日，学校に行きたくない──言葉にならない思いを抱える君へ』（角川書店）という本も出版されていますね。そのことからもメンタルヘルスや心理支援についても，深い関心を持っておられることと思います。今回の「臨床心理学の未来を語る」というテーマで，どのような話題について議論していきましょうか。ぜひ，関心のあるテーマを教えてください。

【茂木】日本のメンタルヘルスは，医師の影響力が強すぎますね。そのため，投薬治療が中心になっていてよくないですね。医療が強すぎることで，むしろいろいろな問題が起きていると思います。それについて議論したいです。それから，自分の専門と近いところで言えば，アバターやメタバースなどの新しいテクノロジーが発展していますが，臨床心理学の領域でそれらの発展がどのように活用されるのかも知りたいですね。

茂木健一郎
／もぎ・けんいちろう
（ソニーコンピュータサイエンス研究所上級研究員，東京大学大学院特任教授（共創研究室，Collective Intelligence Research Laboratory），東京大学大学院客員教授（広域科学専攻））

【下山】日本において医師や医療が強すぎる問題は，深刻です。もちろん患者さんのことを大切にして丁寧な治療をされている精神科医や心療内科医の方は

多くいられます。私も，患者様の治療を丁寧にされておられる医師の先生方を少なからず存知上げています。しかし，**日本の医療組織は，他国に比較して，医師中心のヒエラルキーを押しつける傾向が強いのも事実です。**

しかも，それは，心理支援の領域だけでなく，福祉領域などあらゆる領域に及んでいます。医師以外の職種をコメディカルと呼び，医師の指示の下で働くことを求めます。その結果として，心理職や福祉職を含めて他の専門職が独立して主体的に働くことが難しくなっているので，専門性の発展が阻害されています。それは，ひいては利用者である国民の不利益につながっています。

3．臨床心理学と精神医学の違いとは？

【茂木】精神科医は，医師としての専門性はありますが，臨床心理の専門性はないですね。投薬が効果を持つ側面はあると思います。しかし，臨床心理の専門性は，それとは異なるものだという認識です。ですから，精神医学と臨床心理学は，同等に併存しているパラレルな関係だと思います。

僕の感覚で言えば，臨床心理の効果のほうが，脳においてロバストです。日本では投薬が中心だが，欧米では，過剰な投薬については厳しい批判がされています。ところが，日本では，精神医療の投薬が，野放しになっている面があると思います。その点をしっかりと整理した方がいいですね。

【下山】我が国における精神科薬物の多剤大量投与は，非常に深刻な問題です。ただ，その医療中心の偏った状況については，誰が言い出してリーダーシップを持って変えていくのかは，非常に難しい課題です。残念ながら日本では，医師会が非常に強いので，厚労省などの行政機関も医師会の要望に従う傾向があります。政治家も選挙のことがあるので，医師会を敵に回したくないということで動かない。その問題は，メンタルヘルスにおいて顕著にみられています。

　しかし，最近では，コロナ禍に対する医療体制の不備や医師会の対応の悪さが目立っています。医療や医師会が権力を持ちすぎているという問題は，日本のすべての領域で表れていることですね。その最たる状況が精神医療で見られるということだと思います。

4．正常と異常の区別とは？

【茂木】そもそも，「正常と異常」や「健康とは」ということもどうなのでしょうかね。DSM などで決めてしまって良いのでしょうか？

【下山】それは，根本的な問題ですね。実は，それと関連して DSM-5 における訳語が未だ決まっていないという状況です。「〜障害」とするのか，「〜症」とするのかということで意見が二分して両語併記となっています。例えば，『注意欠如・多動症／注意欠如・多動障害』と併記されるわけです。当然のことながら，「〜症」という名称は，病気の症状という意味が含意されています。果たして，"注意欠如・多動" が病気なのかという問題も出てきます。

　さらに深刻なのは disorder の訳語の問題です。そもそも disorder は，秩序が乱れて，混乱や不調が起きているという意味です。ですので，mental disorder があっても，それは障害でも病気でもないわけです。ところが，日本では，DSM を訳すときに，mental disorder を「精神疾患」と訳して，「精神疾患の分類と診断の手引き」としています。米国では，わざわざ「disease」を避けて「disorder」を使っています。それなのに日本では，わざわざ「disorder」を「疾患」と誤訳しています。"mental disorder" の正確な訳は，"心の不調" ということだと思います。

　このような誤訳，あるいは書き換えが行われるのは，やはり，茂木さんが指摘された「医療が強すぎる」問題と関連があります。「医療による植民地化」という言葉もあるくらいです。なんでも病気にしてしまい，医療がその領域を支配していくというやり方で

す。日本のメンタルヘルスや心理支援の領域は，公認心理師法ができたことで，さらに医療による植民地化が進んでいますね。

5．"心"をどのように理解するのか？

【茂木】なるほど状況はよく理解でしました。ところで，トークイベントには，北原さんも参加されるのですね。そこでの北原さんの役割はどうなるのでしょうか？　それと，北原さんの関心なども教えてください。

【北原】先ほどのお話を伺いながら，大学の非常勤講師として臨床心理学を教える中で，私の講義に出ている学生さんから，「なぜ，〜症と〜障害が併記されているのか？」と尋ねられたことを思い出しました。そのこととも関連して，私は，"心"や"心の問題"をどのように理解するのかに関心があります。これからの臨床心理学では，人間の"心"をどのように扱い，どのように議論していったらよいのかというテーマは重要になると思っています。

「心は自然科学的に解明されるのか」，「医療に近づくことで心理学として力を持っていってよいのか」，あるいは，「人文科学的な発達として心をとらえるのがよいのか」，「関係性の中で自分を作っていく心理学があってもよいのではないか」と考えたりしています。私としては，「関係性の中で認知とか感情を照らし返してもらって，自己認識を深めていく」ことに関心があります。

それは，心理職が心理支援で実践していることでもあります。生理データとか客観的な数値データで心を解明することとは違って，人と人との相互交流の中で起こることそのものがセラピューティックな役割を持つと思っています。人間的交流の中でなされること

北原祐理
／きたはら・ゆうり
（筑波大学学生相談）

をどのように位置付けていくかが，自分のテーマになっています。それを心理職の専門性として位置付けて説明できるようにしていきたいと思っています。

6．主観と客観の統合は可能か？

【下山】日本の心理職は，「"心"をどのように扱い，どのような心理支援をするのか」というテーマを巡って複数のグループに分裂してしまっています。"心"を主観的な内的世界として自己理解を促すのがよいとするグループがあります。また，"心"を客観的に見て行動変容させていくのがよいとするグループもあります。日本の臨床心理学ワールドでは，この主観グループと客観グループの統合ができていません。そもそも対話も成り立っていない状態とも言えます。

　"心"を主観的に捉えるグループは，精神分析やユング派などの心理力動派の心理療法と深く関わっています。どちらかというと精神医学とは一線を画す傾向があります。"心"を客観的に見るグループは，行動科学や脳科学など科学性を重視し，どちらかというと精神医学に近いと言えます。この他，カウンセリングを中心とする折衷的なグループもあります。

　脳科学など，自然科学的な"心"の客観的理解と，内的世界といった"心"の主観的世界の接点は，茂木さんがテーマとしている"クオリア"とも関係していますね[1]。茂木さんは，客観的な物資である脳から主観的な質感であるクオリアがどのように生まれるのかを考察した，新たな本も出版されていますね[2]。北原さんは，私などよりも，脳科学，神経科学に詳しく，さらにICTを使った心理支援の最新動向にも詳しいので，心理支援の最先端ト

※1）茂木健一郎（2002）クオリア――現実と仮想の出会い．季刊『生命誌』34.
※2）茂木健一郎（2019）脳とクオリア――なぜ脳に心が生まれるのか．講談社現代文庫.

ークについても議論したいですね。

7．箱庭療法と脳科学は結びつくのか？

【茂木】主観性といえば，箱庭の話もしたいですね。現在は，箱庭療法とかどうなっているんでしょうか。

【下山】昔，茂木さんは，とてもユニークな箱庭をたくさん創りましたね。先日，研究室の書類の整理をしていたところ，茂木さんが製作した箱庭の写真が大量に出てきました。その箱庭の写真を見ると，脳科学的なものとは違って，茂木さんの主観的な世界の表現がされています。とても豊かなイメージ表現です。箱庭療法はとても面白いですね。

　茂木さんの主観の世界と，茂木さんが専門とする脳科学がどのように結びつくのかを知りたいですね。それと関連して人間の発達ということも話題にしてもよいかと思っています。茂木さんは，箱庭を創った時は，ご自身の進路について迷っていた。そのまま法学で行くか，あるいは自然科学に戻って物理学を専門としていくのかという進路の迷いですね。自分の人生や成長をどのようにデザインしていくのかは，誰にとっても重要な課題ですね。

【茂木】以前に，日本心理臨床学会に招かれて講演をしたことを思い出しました。そのときの学会には，人間の成長や自己実現を尊重する雰囲気があった。正常や異常をフラットにみるアプローチが多かったような印象だった。ただ，最近では，それとは違うアプローチも出ているのでしょうか。（次章に続く）

臨床心理マガジン iNEXT
2022 年 2 月 9 日公開
（特集 臨床心理学の未来に向けて）
Clinical Psychology Magazine "iNEXT", No.27-1

第 5 章

クライアントさんに役立つことを考えよう！

茂木健一郎　下山晴彦　北原祐理

1．エビデンスベイスト・アプローチに意味があるのか？

【下山】臨床心理学の世界的動向は，心理支援の効果を数量的に測定し，有効性が実証された方法を優先的に用いていくという**エビデンスベイスト・アプローチ**が主流になっています。ただし，日本では，エビデンスベイスト・アプローチが中心になっているわけではありません。

【茂木】最近は"エビデンス"ということがよく言われます。でも，それはどのような意味があるのかと思います。自分が下山さんと一緒に箱庭（図 5-1）を作って，それが自分の人生に何らかの影響を与えたということはありました。でも，その箱庭が自分にどう影響を与えているかって，エビデンスでもなんでもないわけですよね。

【北原】私たちの若い世代は，基本的にはエビデンスベイスト・アプローチに乗っていく流れです。でも，それでいいのかなと思う部分もあります。例えば，私は，スクールカウンセラーをしていますが，ある高校生に「心理士ってもっと AI みたいな人と思った」と言われたことがあります。「どうしてそう思ったの？」と聞いたら，その生徒さんは，「理論や病気の知識という枠があって，心理士はそれで人間を見て，あなたはこういう状態だからこうしたらいいよと一方的にアドバイスを伝えるイメージを持っていた」と言っていました。

図 5-1　アイテムが枠から飛び出す茂木さん制作の箱庭

　このような高校生に接すると，単純にエビデンスベイスト・ア
プローチに乗ってしまうことも心配になりました。それで，私は，
その生徒さんと話す中で，私自身のこれまでの経験や，そのとき
の感情などを伝えることにしました。自己開示を通して，その生
徒さんがこれから生きていく世界で役立つと思われる要素で，自
分の経験から使えるものは使おうと思ったわけです。

　その生徒さんは，そのような私とのやりとりを続けて，「心理士
も人間なんだな」と思ったことを伝えてくれました。その時，私
としては，高校生の彼女が，これからも生きていこう，"自分"と
いうものをこれから決めていこうと思う気持ちに，少しでも繋が
ったのならよかったと思いました。

2．AIで心理相談ができるのか？

【北原】AIを使った心理支援も少しずつ出てきています。将来的に
は，AIを活用したオンライン相談も増えていくことと思います。
そのようなAI心理相談が広まったときには，問題解決としてデ
ータに基づいた最適化されたものが出来てくるようになり，自己
開示など，心理士の固有性が出る機会が自然と無くなっていくの
でしょう。そうしたときに，自分がクライアントとして，AI心理

相談で自分のことを話したいと思えるのかと考えます。

　思春期でまだ揺れ動くときに，そのようなアプローチに早い段階から晒されてしまうのでよいのかなと思います。それが，心理士がやっていく方向としてよいのかという疑問です。**クライアントが迷う中で，心理士も一緒に迷いながら，人間として成長していくということがあってもよいかと思います。昔ながらの心理支援のあり方も必要ではないかと思うこともあります。**

【下山】最新の臨床心理学は，さまざまな要素が重なり合って発展していますね。伝統的には，自分自身や他者の気持ちをどのように理解し，共感するのかという点で主観的な世界を基盤に置きます。最近注目されているマインドフルネスも，自分自身の心の動きや身体の反応に気づき，それを大切にする点では主観的世界を大切にしていると思います。

　心理士もクライアントさんと一緒に迷いながら成長するというのは，お互いの主観性を大切にし，共感していくことが前提となっていますね。その点では主観性が大切ですね。

　しかし，その一方で人間の心理を脳科学によって解き明かそうとする動きもあります。それは，自然科学的で客観的な側面から人間の行動や心理的動きを解明し，心理的問題解決の方法を探るものです。また，統計的手法によって心理支援の効果を客観的に分析し，より有効な支援法を評価する研究も重視されています。それは，AIによる心理相談につながってきています。

3．診断をどのように役立てるのか？

【下山】臨床心理学は，一人ひとりを大切にして共感的に関わるという点では主観性や個別性が基本となります。しかし，それだけでなく，人間の心理や行動の決定要因を分析し，解明するためには客観性や一般性も重要となります。さらに心理支援の有効性を評価していくためには，統計的な確率論を用いてエビデンスを見出して最適化をしていくことも重要となっています。

　　一人ひとりの一回限りの人生をテーマとする点では**個別性**が重要ですね。茂木さんのあのような**箱庭**も，誰にも創れないわけですよね。でも，どのような問題にはどのような支援が役立つのかという点では，**診断**という**一般的な理解**も必要になる。

【北原】そのようないろいろな要素をどのように組み合わせていくのかが難しいですね。**個別の心理支援をしているときに，一般的なエビデンスや診断に助けられることもある。**一見周りと馴染んでいるのに，自分に対していつも否定的で，「死にたい」という気持ちが不意に出てくるケースを担当したことがあります。ご本人もそれに苦しんでいたわけですが，その状態が，例えば，"気分変調性障害"という診断の症状であるという見方が出てくると，対応の仕方も見えてきます。その症状として持続的な抑うつがあり，希死念慮があるとわかっていると，今何が起きているかを理解できる。

　　インフルエンザのときには，症状として発熱があり，一定時期熱が下がらないことがわかっていると対応しやすくなる。それと同じように，「死にたい」は症状で，それが続き，急に落ち込むこともあるという理解を共有できるようになる。どのような場合にどのようにすると有効なのかのエビデンスがあると，割り切って対応して，クライアントさんが，むしろ自分で自分の平常な状態を取り戻すための行動ができるということがあります。

4．診断ではなく，"トライブ"と考えればよいのでは？

【北原】一般的傾向がわかっていることで，その人の性格や家族関係などの個別的なことを見ることができるようになり，クライアントの主観的世界に，より共感的に関わることもできたりします。性格が「気にしい」なところもある場合，それはその人が人生で創ってきた人との関わり方の部分かもしれません。それは疾患では説明しきれない部分です。**一般性と個別性は単純に別物ということはないのかと思います。一般的な診断を知ることで，個別な理解が深まったりすることがある。**

【茂木】今の話で思い出したことがある。いろんな人に僕はADHDだと言われる。そのような時に，トライブ（tribe）[1]的な安心感を感じる。"一人じゃないんだ！"という感じですね。個別の特殊な事例でなくて，安心感がある。一般の枠組みの中の一人なのだということですね。

【下山】なるほど，診断ではなく，"トライブ"という見方は面白いですね。仲間という感じも入ってくる。そのトライブの一員だと考えると，医者による客観的な診断ではなく，そのことでいろいろと苦労している仲間という主観的な安心が出てきますね。とても，新鮮な見方ですね。仲間が増える安心感も出てきます[2]。

【茂木】"東大生"というとトライブ的な感じはある。良くも悪くもある種の枠組みに収まる種族という感じ。

5．箱庭の枠に収まらないことはあるのか？

【茂木】下山さんとは，僕が学生時代に箱庭を作った。箱庭については，河合隼雄先生の話を聞いたことがある。河合先生のところで箱庭を作っているうちに箱庭を窓から捨ててしまった人がいたという話だった。その人は，箱庭を窓から捨てたことで治ったということだった。それは，コントロールの概念に関わっているのかと思う。本来ならば，箱庭も，そこにはある種の秩序が必要だと思う。科学として行うならば，なおのことです。そして，秩序を保つためにはコントロールが必要。それを窓から投げ捨てて治ったということは，どういうことなんでしょう。

【下山】箱庭を投げ捨てることでコントロールから自由になったということなのかもしれない。ところで，茂木さんの箱庭は，どれも

※1）tribe：部族，種族，家族，仲間
※2）書道家の武田双雲さんもADHDを自認している。ADHDトライブの一員であろう。障害者ドットコム（2021年3月21日）https://shohgaisha.com/column/grown_up_detail?id=2068

とてもユニークだった。箱庭の作品を窓から投げ捨てることはしなかったが，それに近い危うさはあった。

　茂木さんの作品には，箱庭の枠からはみ出してしまっているものがあった。秩序を保ちつつも秩序からはみ出してしまう不思議な箱庭が多かった。秩序を越えるものを持ちながら，ぎりぎりで秩序を保ってやっている感じ。何とか秩序に入れている。[→冒頭に示した図 5-1 を参照]

【茂木】コントロールが成り立たないところがあるのでしょうね。人それぞれで使うアイテムも違ってくる。自分が箱庭を作っていた頃，自分でアイテムを持ち込んで作るということもあったと思う。あの頃は，みんな自由に自分の好きなアイテムを持ってきて，それで好きな箱庭を作っていた。

【下山】いつか, 茂木さんの箱庭をテーマとしたセッションをしたいですね。

6．心理相談はコントロールするものなのか？

【茂木】自分が下山さんと一緒にエンカウンターグループに参加し，箱庭を作った頃の学生相談所は，コントロールを超えていたという感じがありましたね。

【下山】僕が常勤の心理職として学生相談所で仕事をしていた頃は，大学というところが，今よりも雑然として，ある意味自由なコミュニティだった。学生相談所もオープンで開放的だった。学生が自由に出入りする共同体みたいなところがあった。

　大学の授業には出席できないけれども，毎日学生相談所にやってきて，談話室に居座っている人もいた。夏と春には，大学から貸切バスで伊豆半島の戸田村（当時）の海辺にある大学の寮に行き，そこで 1 週間ほど相談員と学生が泊まり込んでエンカウンターグループをしていた。

　一日中，潮騒を聴きながら車座で話をして，時々レクリエーションとして海で泳いだり，絵を描いたりした。そこに茂木さんも

参加し，僕はそこで茂木さんと知りあった。懐かしいですね。

　ただ，今の大学の学生相談所は，そのような共同体といった雰囲気は無くなっているのだと思う。面接室という構造の中で，1時間お話をお聞きしましょうという秩序の中で相談業務をしている。それが今の時代の相談の在り方ですかね。ただし，その一方で現代社会は，どんどんコントロールフリーな情報社会になってきていますね。

7．ICT活用の心理相談は可能なのか？

【茂木】ソーシャルな関係や自己開示ということは，ある意味でコントロール不能なことですね。人と人との出会いや関係は，思い通りにいかないことも多い。そこで，ICTを使うというのは面白いですね。臨床心理学では，ICTをどのように活用しているのですか。

【下山】今，私の研究室ではICTを用いた心理支援をいろいろと開発し，実践に用いている。ICTを用いた心理支援というと，何か機械的で人工的なイメージがあると思う。しかし，それとは逆で，とても現実的で日常的なところがあるんです。

　例えば，Zoomでオンライン相談をすると，バーチャル背景を使わなければ，その人が生活の場がそのまま映るわけですね。その人が自分の部屋でオンライン相談をしていた場合，部屋がいかに乱雑であったりするかもよくわかる。ある意味で心理士がクライアントさんの生活の場に訪問して相談をしているようなものです。クライアントさんがお母さんの悪口を言っていたら，急にお母さんが画面に入ってきて，「それは違うだろう」と反論してくるということも，実際にありました。

【茂木】それは，面白いですね。バーチャルとリアルな現実との関係ですね。

8．アバター心理相談の面白さとは？

【下山】ICT心理相談は，現実から離れているようでいて，実際は現

実に入っていくという面があります。今，私たち研究室は企業と共同研究でアバター心理相談を実装して展開している。そこでは，**アバターで自分を隠すからこそ，本音を語りやすくなる**という現象に注目しています。

　日本人は建前と本音を使い分けて生活している。会社にいる時などは建前で生きている。心理相談にきても，本音を語るのには時間がかかる。ところが，アバター相談だと，表面的に自分を隠していることで逆に本音が直ぐに出てくる。アバター相談をしていると，"表"と"裏"，"建前"と"本音"の奇妙な両面性が見えてくる。今は，学生もアバター心理相談を利用できるようになっています[3]。

【茂木】それ，いいっすね。面白いですね。

【下山】これは，ダイレクトな自己表現，自己主張に価値を置く欧米のコミュニケーションとは異なる日本人に特有のあり方と関連していますね。海外などでは，「アバター心理相談となると，それでは人間としてのダイレクトな人間的交流ができないでしょう。フェイクなコミュニケーションだから，心理相談できないですね！」となる。それで海外では，アバター心理相談をまともにやっているところはないですね。でも，私たち研究室は，本気で取り組んでいます[4]。

【茂木】本音と建前は，日本人にとっては，とても現実的なことですよね。

9．クライアントさんに一番役立つのは何か？

【茂木】欧米とは異なる日本人に適した心理相談ということは重要で

※3）【学生版】KATAruru（かたるる）サービス利用イメージ動画. https://www.youtube.com/watch?v=sSaXPEkgizY

※4）アバター心理相談「KATAruru」. https://www.u-tokyo.ac.jp/focus/ja/press/z0110_00002.html

すね。日本の文化や社会制度に即した心理支援や臨床心理学にしていくというローカライゼーションは，重要だけど，難しいですね。

【下山】確かにそうですね。ICT を用いた心理相談を進めることで，その特徴もわかってきている。それで，それを日本の心理支援のユーザーに役立つサービスにするにはどうしたら良いのかを，試行錯誤して考えているところです。可能性は感じています。

【茂木】大事なのは公益性だということですね。クライアントさんに一番役に立つアプローチは何かということ。

【下山】そこがポイントですね。世界の臨床心理学の動向としては，「ユーザーであるクライアントさんに役立つサービスとは何か」ということが中心テーマとなっている。茂木さんも留学していた英国では，特にその方向が明確ですね。私が英国にいた 15 年くらい前にはすでに，英国の臨床心理学は，"hearing voice" と言って「ユーザーの声を聴こう。利用者の要望はどのようなものだろうかを大切にしよう」ということがテーマになっていました。

【茂木】そのことは，僕も関心があります。トークイベントでは，ぜひその話をしたいですね。

【下山】そうですね。日本のメンタルヘルスの現状は，医療中心で非常に偏ったものとなっています。WHO から批判を受けた問題状態が今でも基本的には続いています。

　　それを受けて，私も日本のユーザーに役立つにはどうしたら良いのかというテーマで茂木さんの意見をぜひ聴きたいと思っています。

10. 当日は参加者のみなさんとも議論できるのか？

【茂木】当日は，オンラインでのトークイベントですね。参加したみなさんからの質問や意見を聴いてデスカッションするということがあるのですか？

【下山】当日は，3 時間あります。前半は，茂木さん，北原さん，私での鼎談として，今日話題になったテーマについて議論します。そ

れを受けて後半では，参加者にも加わっていただいてのディスカ
ッションをしていく予定です。参加者は，心理職に限らず多くの
方にご参加いただき，多様な議論をしていきたいと思っています。
心理職や心理支援についての幅広い意見をお聞きしたいと思って
います。

【茂木】それは，良いですね。そういう日本のメンタルヘルスの問題
　　　は，メディアでもほとんど取り上げられていません。そのような
　　　ことも含めて僕は，どんなテーマでも大丈夫ですからいろいろと
　　　議論できたらと思っています。

【下山】了解です。まずは，**日本のメンタルヘルスの現状**について
　　　テーマにしたいと思います。冒頭で茂木さんが指摘していた**医療
　　　や医師の独占的なコントロールの強さ**も話題にしたいと思います。
　　　心理療法も臨床心理学も欧米で成立，発展してきた活動です。そ
　　　れを，どのように**日本の文化や日本のユーザー**に適した形で導入
　　　していくかという，**ローカライゼーションやカスタマイゼーショ
　　　ン**についても議論したいですね。

　　　さらに，日本社会において **ICT を使って心理支援実践**をしてい
　　　くことに関しても，ICT の最先端の動向に詳しい茂木さんの意見
　　　をお聞きして議論を深めたいですね。現代社会では，AI や IoT の
　　　進化を無視して心理支援サービスを考えることは，あまりに非現
　　　実的であると思います。

　　　最近では，**メタバース**ということも議論されています。バーチ
　　　ャルリアリティの中でどのように自分という存在を確かなものと
　　　して感じ，自分を豊かにし，幸せに生きていけるかということは，
　　　臨床心理学の重要なテーマになりつつあります。

【茂木】いろいろな議論ができること，とても楽しみにしています。

臨床心理マガジン iNEXT
2022 年 2 月 15 日公開
（特集 臨床心理学の未来に向けて）
Clinical Psychology Magazine "iNEXT", No.27-2

第3部

診断から対話、そして心理支援の専門性へ

第6章

医学モデルの限界を知る

石原孝二　下山晴彦

1．心理職はどこに向かっているのか？

　公認心理師法が成立して8年，公認心理師制度がスタートして6年経った今，心理職を取り巻く環境は大きく変化しています。それは，公認心理師制度を軸として心理職の活動枠組みを再構築しようとする動きの結果です。

　公認心理師法成立以前の日本の心理職においては，個人心理療法モデルが主流になっていました。しかし，それでは，多くの心理的問題を抱える国民のメンタルケアのニーズを満たすには限界がありました。心理支援を公共サービスとして広く提供するという点で**国家資格化**は大きな進歩でした。

　心理職ワールドでは，公認心理師制度の普及が急激な勢いで進んでいます。職能団体も多くの学会も公認心理師制度推進室の意向を汲んで心理職の教育や活動のシステムを組み替えようとしています。心理職の雇用も増えていると言えるでしょう。

　しかし，そのような変化の中で心理職がどこに向かっているのかが見えなくなっています。

2．立ち止まって，改めて心理職の専門性を考える

　公認心理師制度推進室の指示に追随するだけで良いのだろうか。早くから5分野に分かれて心理職が行政制度の中に組み込まれてい

くので良いのだろうか。心理職の専門性はどのようなものになっていくのだろうか？

　公認心理師制度の影響が見えてきた今，心理職の発展に向けて何をしておくことが必要なのだろうか。公認心理師制度の影響下に入りつつある心理職は，自らの主体性や専門性を維持するために，今何をしておくべきであろうか。

　現在，心理職の技能は，**コンピテンシーモデル**で考えられています。しかし，コンピテンシーとは，特定の専門性の体系が明確に示されていることを前提として，その専門性を実行するための能力を意味します。そのため，心理職の専門性の体系が定まっていないと，能力だけが切り取られて利用されてしまいます。検査技術が単に精神科診断のために利用されることが起きているが，それはそのようなコンピテンシーの濫用の例です。

　したがって，心理職の未来の発展に向けて，今の段階で考えておくことは，公共サービスとして提供する**心理支援の専門性**とは何かを確定していくことでしょう。そのために必要な課題は，次の2点です。

3．心理支援の専門性の発展に向けての課題

①学派中心主義を離れて現場から専門性を形成する

　少なくとも，以前のように各学派が自らの心理療法モデルを提供することに価値を置く学派中心主義から脱する必要がある。そして，それに替るものとして，現場のニーズに合わせて有効な心理支援を開発し，それを広く提供するシステムを発展させることが重要となる。

②医学モデルの"くびき"から自由になる

　ところが，心理支援の現場では，保健・医療分野は言うまでもなく，それ以外の4分野においても，心理的苦悩を精神科診断アプローチに取り込んでしまう医学モデルの影響が強い。しかも，公認心

理師は，医師の指示の下で活動することが規定されている。したがって，現場から専門性を形成する場合，医学モデルの "くびき" から自由になり，心理職の主体性によって心理支援の専門性を発展させていくことが必要となる。

そこで，臨床心理 iNEXT では『精神科診断に代わるアプローチ PTMF』（日本評論社）を注目新刊書とする研修会を開催することとしました。本章では，研修会の予告も兼ねて同書の訳者であり，当日講師を務めていただく**石原孝二先生**に下山がインタビューした内容の前半を掲載します。石原先生は，東京大学大学院総合文化研究科教授であり，ご専門は「哲学」です。ご専門の観点も含めて「精神科診断の意味」についてお話をお聞きしました。

4．精神科の診断は疑わしい

【下山】石原先生が本書『精神科診断に代わるアプローチ PTMF』（メアリー・ボイル，ルーシー・ジョンストン／石原孝二・白木孝二・辻井弘美・西村秋生・松本葉子訳，北大路書房）の原書に注目したきっかけはどのようなものでしょうか。

【石原】私は哲学を専門としています。最近は特に精神医学の哲学を研究していて，その中で「診断の問題」というのが特に気になっていました。精神科の診断は根拠がないもののように思えます。「どうしてこのような診断がなされるのか」とか，「どのような根拠があるのか」というところに興味を持って研究してきました。

「そもそも精神科の診断というのは疑わしいな」というところがありました。「果たしてそれがプラスに働いているのだろうか」という問題意識もありました。宣告みたいな感じになって，その人の人生を制限しているようなところもあったと思います。そのような問題意識を長い間持っていました。

「診断」や「分類」するというところから違う方向に行けないかと考えています。最近では**オープンダイアローグ**が，その一つか

なと思っています。従来の精神科診断とは違うアプローチや方向性を考えていきたい。そこに興味を持ってきたというところがありました。

それで，この本の原文タイトル "A Straight Talking Introduction to the Power Threat Meaning Framework" にすごく惹かれたのですね。副題は，"An alternative to psychiatric diagnosis" となっています。特にその副題に惹かれました。まさに精神科診断に代わるものを提案しているというところです。

石原孝二
／いしはら・こうじ
（東京大学）

5．精神科薬物療法を捉え直す

【石原】この本が含まれている Straight Talking Introduction シリーズ自体もすごく面白いんですよ。このシリーズに，同じ英国の精神科医のモンクリフさんの著作の『**精神科の薬について知っておいてほしいこと――作用の仕方と離脱症状**』（石原孝二・松本葉子・高木俊介・村上純一・岡田愛訳，日本評論社）という本があります。仲間たちと一緒にこちらの本を先に訳していたのですが，この本には精神科の薬について他ではあまり語られていないようなことが書いてあります。

大きな主張としては，化学的不均衡仮説（精神的な不調が脳内化学物質の不均衡によって生じるという仮説――ドーパミン仮説やセロトニン仮説など）に対する批判ということがあります。それ自体はモンクリフさんだけでなくて，いろんな人が言っている主張です。モンクリフさんは，「**ドラッグセンタードモデル**（drug-centered model）」という考え方を出しています。これを「**薬物作用モデル**」と訳しました。それは，薬の作用の仕方の捉え方を変えるという提案です。

　何か疾病があって，それに特異的に薬が効いているという従来の捉え方ではなく，精神科の薬が持っている作用一般があり，それが「症状」にも作用するという，捉え方です。このシリーズは，従来の精神医学の考え方のオルタナティブ（alternative）を提案しています。そういうシリーズの一冊ということもあってこの本に注目したということもあります。

【下山】現代社会においては「精神科診断」や「精神科薬物療法」が，いつの間にか“あって当然のこと”として“常識”になってしまっています。だから，オールタナティヴ，つまり違う見方がある，あるいは代わりのものがあるという主張は，とても新鮮ですね。**特に日本では，精神科の診断や薬物が常に“第一選択肢”として君臨している傾向が強いですからね。**

6．精神医療の影に光をあてる

【下山】考えてみると，私が学生時代に読んだ精神医学の教科書には，冒頭の部分では「精神の正常と異常の境界を決めるのは難しく，実際にその区別は曖昧である」という趣旨のことが書かれていました。ところが，教科書では，その後の本文に入ると，突如「診断」の話が出てきていました。

　この正常と異常の境界の曖昧性や多様性を考えれば，診断は極めて相対的であるはずです。しかし，**診断の話になると，それが唐突に固定化され，それを基盤として精神医学という学問が成立していると感じました。診断が，いつの間にか“常識”になってしまっている。実は，そこに深刻な矛盾があるのだと思います。**

　1980 年に出た DSM-III から「操作的診断」という名の下にその矛盾を合理化し，精神科診断を世の中に定着させた。そして，診断された症状や疾病に合わせて薬物を出していくという考えも定着させた。薬物があたかもその症状や疾病に効いているような議論がされていたりします。しかし，実際の現場で精神科医や心療内科医の処方を見ていると，治療に有効な薬物がなかなか定まら

ないことが多いですね。

　日本では，他国と比較して多剤大量投与が顕著に多いという問題を抱えています。この問題は，このような矛盾の延長線上で起きているとも思います。薬物が効いているよりも，副作用が強すぎて自然な動きができなくなるということも少なからずあります。そのあたりの現実についての Straight Talk が日本では，できていないですね。

　日本では「精神医療が優先されるべき」との言説が定着してしまっていて，逆にそれによって我々がコントロールされている。そのような状態が日本の現状ではないでしょうか。そのような日本のメンタルヘルスの闇の部分に光を当てているのが，研修会で取り上げる『精神科診断に代わるアプローチ PTMF』ですね。

7．精神医学の根拠は何なのか？

【下山】ところで，哲学がご専門の石原先生がこの部分に切り込んでいるのは，どのようなご関心からでしょうか。哲学的使命のようなもの，ミッションと言いますか，モチベーションと言いますか。そういうものをお持ちなのでしょうか。

【石原】哲学は基本的に，物事の前提を問うというところがあります。それが哲学的な態度だと思うのです。ある意味，対象は何でも良いのです。いろんなものが対象になり得ると思います。「心」というのは，そもそも哲学にとって，ずっとすごく大きな対象であった。一番大きい対象かもしれません。

　これは，私だけなくて，心に興味を持つ哲学者は非常に多いです。そういうところで精神医学であったり，臨床心理学であったりというところに興味を持つことがあります。私のもうちょっと細かい興味を言うと，科学哲学的な興味もあったんですね。精神医学が非常に不思議な学問だというのがありました。このことを言うといつも怒られるのですけれども，「精神医学がなぜ学問として成り立っているのか」がよくわからないというところはありま

す。

　精神医学（精神医療）は，実践も根拠があってやっているように思われているかもしれません。しかし，実際は，今まさに下山先生が言われた感じなのですね。根拠があってやっているようには，到底思えないですよね。それでも何かできてしまっている。これは，一体何だろうという疑問があります。そこらへんは，ある意味，哲学的な関心というか，使命感というか，そういうものがありますね。「そもそも精神医学って存在しているのですか」といったことを，やっぱり問いたいわけですよね。（次章に続く）

臨床心理マガジン iNEXT
2023 年 10 月 14 日公開
（特集：心理職の専門性の基盤を創る）
Clinical Psychology Magazine "iNEXT", No.40-1

第 7 章

診断から対話へ

石原孝二　下山晴彦

1．心理職は医療や行政に従っていれば良いのか？

　公認心理師法第 42 条第 2 項において「当該支援に係る主治の医師があるときは，その指示を受けなければならない」と規定されています。そのため，心理職の活動は，保健・医療分野は言うまでもなく，それ以外の分野でも医師の意向に従うことが求められます。

　また，公認心理師は，国家資格として公的機関に採用され，行政制度の中で管理的役割を担うことも多くなります。企業なども含めて社会組織に採用される場合には，所属する組織の運営方針や規則に従って実践をすることが求められるようになります。その点で心理支援は，心理職が自由に実践できることが少なくなってきます。

　このように公認心理師制度が定着するに従って心理職の活動は，社会的に広がる一方で，活動の内容は制限される傾向が強くなると考えられます。では，心理職は，医療や行政が求める役割に従っていれば良いのでしょうか。

2.「国民の心の健康の保持増進に寄与する」ことが第一なのでは？

　公認心理師法第 1 条には「国民の心の健康の保持増進に寄与すること」と記されています。したがって，心理職が第一に重視しなければいけないのは，医療や行政の意向に従うことではなく，"国民の心の健康の保持増進に寄与する"ための活動を積極的に実践して

いくことです。

　時代とともに社会のあり方は変化し，心理支援の対象となる問題の種類や質は変化してきます。心理職が"国民の心の健康の保持増進に寄与する"ためには，時代の変化に応じて有効な心理支援の方法を開発し，実践していくことが求められます。**その点で心理職は，活動が制限されることはあるにしろ，自らの専門性を主体的に発展させていくことが重要な課題となります。**

　例えば，近年，**ゲーム依存**は，オンラインゲームの発展に伴って非常に深刻な心理的問題になっています。そこで，スクールカウンセラーをはじめとする心理職は，ゲーム依存の問題解決のための心理支援の方法を開発し，実践していくことが重要な課題となっています。

3．日本のメンタルヘルス問題の背景にある医学モデル

　心理職の主体性や専門性を確保することが最も重要な課題となるのが「医療」との関連です。公認心理師法第 42 条第 2 項「当該支援に係る主治の医師があるときは，その指示を受けなければならない」が意味することは，単純に医師の指示に従うことだけではありません。「医学モデル」に従って心理職が疾病管理の役割を担うことが求められるということです。

　周知のように日本のメンタルヘルスは，非常に悪い状況にあります。その日本のメンタルヘルスを担ってきたのが精神医療です。**日本の精神医療は，医師中心の医学モデルが今でも色濃く残っており，精神病院への入院率は世界で最も高く，入院期間も断トツに長期になっています。WHO からも勧告を受けたほどです。精神科薬物の多剤大量投与も抜きん出て多くなっています。**

　日本国民のメンタルヘルス事情が悪化している背景には，このような医学モデル中心の日本の精神医療があると言えます。その点で**心理職が医学モデルに従うことは，"国民の心の健康の保持増進に寄与する"こととは逆のことをしてしまう危険性もあるわけです。**

4．診断から対話へ！　管理から支援へ！

　心理的苦悩には，その人が自分の心理的状態をなんとかしようとする気持ちが含まれています。その「何とかしようという気持ち」は，自らの心理状態の改善を目指すパワーでもあります。心理支援とは，対話を通してそのパワーをより健康に向けてエンパワーしていくことです。

　ところが，医学モデルは，対話ではなく，診断によって心理的苦悩を分類し，管理します。心理的苦悩のパワーをエンパワーするのではなく，逆に診断と薬物治療を通して無力化してしまうこともあります。つまり，医学モデルには，患者が語る心理的苦悩の意味を消してしまうパワーがあるのです。心理職が医学モデルに従うことは，その無力化，無意味化に加担してしまうことにもなりかねないのです。

　臨床心理 iNEXT 主催の『「精神科診断に代わるアプローチ PTMF」を学ぶ』研修会の「PTMF」は, Power, Threat, Meaning, Framework の略であり，「心理的苦悩をとらえるパワー・脅威・意味のフレームワーク」を指しています。この PTMF は，精神科診断に代わるアプローチとして英国で誕生し，世界的にムーブメントとして拡がりつつあります。

　以下において，同書の訳者であり研修会講師の石原孝二先生へのインタビューの後半を，前章に引き続き掲載します。今回は，心理的苦悩をとらえるパワーについてのお話がテーマとなります。

5．公認心理師の現状と課題

【下山】「そもそも精神医学って存在しているのですか」という疑問は，ラディカルな問いですが，私にとっては，とても心強いご意見だと感じます。ただ，先生もご存知かと思いますが，日本では公認心理師法という法律が 2015 年に成立し，2017 年から施行

されました。

　その結果，公認心理師という国家資格ができ，公認心理師制度がスタートしました。その法律の条文によって「主治医がいる場合には，公認心理師は，医師の指示に従う」ことが規定されました。我々心理職は，その精神医学の下で活動することが法律で決められたわけです。

　日本の精神医療は，過剰診断や多剤大量投与の問題を抱えています。しかし，そのような問題があったとしても，公認心理師は，医師の指示に従わなければなりません。その点では，公認心理師に代表される心理職のあり方は，非常に危ういものにならざるを得ないわけです。心理職のアイデンティティや心理支援の本質が捻じ曲げられる危険性があります。

6．精神医療における"パワー"とは何か？

【下山】私自身，非常に誠実にお仕事されている精神科医の先生を多く存知あげております。精神病を治療しようと頑張っておられる精神科医の先生も多くおられます。しかし，日本のメンタルヘルスにおいては，過剰診断や多剤大量投与だけでなく，世界でも突出している精神病院の入院患者数の多さや入院期間の長さ，拘束の多さといった問題が山積しているのは事実です。そして，それをリードしてきたのは，残念ながら日本の精神医療なのです。

　このような日本のメンタルヘルスの問題，そしてその背景にある精神医学モデルの限界については，みなさん薄々気づいています。しかし，表立ってそれを取り上げて，正面から議論しようとしません。多くの心理職は仕方ないと公認心理師制度を受け入れています。むしろ，積極的に従おうという動きさえあります。

　看護師，ソーシャルワーカー，政治家も，さらには精神科医自身も，この問題に気づいていると思います。しかし，その問題について表立って議論することも，ましてや変えていこうという社会的動きは起きていません。そこには，日本の精神医療やメンタ

ルヘルスを変えていくのを妨げている，何らかのパワー，つまり
権力を感じます。

　　先生が翻訳された『精神科診断に代わるアプローチ PTMF』の
副題は「心理的苦悩を捉えるパワー・脅威・意味のフレームワー
ク」となっており，そこでも「パワー」という言葉が使われてい
ます。ただし，同書で用いられている「パワー」は，そのような
権力という意味に限定されて使われていませんね。むしろ，人々
が健康やウェルビーイングに向かう個人的なパワーといった意味
で用いられていると思います。

7．安全確保と欲求充足に向けて動く"パワー"

【下山】では，同書で用いられているパワーとはどのようなものなの
　　かを教えていただけますでしょうか。
【石原】"power"をどのように訳すかは，訳者の間でも一番重要な
　　問題でした。まず「これは，"権力"ではない」ということはあ
　　りました。"力"と訳しても良かったとは思います。しかし，こ
　　の本全体がその"power"の話なので，何かその日本語の訳を当て
　　てしまうと，ちょっとイメージが固まってしまうかとなりました。
　　　そこで，あえて"パワー"と訳したということがあります。翻
　　訳書の第4章が特にそのパワーに関する章ということになってい
　　ます。定義もいくつか挙げられていますが，一言で言えるような
　　定義っていうのはなかったかと思います。パワーの複数性という
　　か，多様性というか，そこが結構一番大事なところという気もし
　　ます。
　　　その中には生物的なパワーというのもあります。一人ひとりの
　　身体に関連するパワーもパワーです。自分あるいは他の人のため
　　に安全と優位性を手に入れることができるというものもパワーで
　　す。安全性を確保してニーズを満たす，それができることもパワ
　　ーという感じですね。
　　　あるいは，他の人が必要としているものをコントロールできる

こともパワーとなります。"ニーズ"や"必要"とすごく結びついている言葉です。だからその一人ひとりの身体もパワーに関連している，そういう発想が出てくるのですね。

　あとは，人間関係がすごく重要となります。人間関係のパワー，あるいは強制的なパワーとか法的なパワー，経済的・物質的なパワー，それからイデオロギー的なパワーも取り上げられています。自分の安全性を確保しようとしたり，ニーズを満たそうとしたりするパワーがあらゆるところで働いてきます。そのパワーの作用というのが否定的に働くと「脅威」になる，そういう捉え方ですね。

8. パワーは，脅威として作用する

【石原】だから，あらゆる生活において，あるいは社会的な関係性の中でパワーは働いているということになります。その下敷きにはフーコーの考え方があります。パワーは，上から降ってくるものだけでなく，下からも作用していることになります。そのパワーの中で我々は生きているという捉え方となります。

【下山】そのように考えると，一人ひとりに自分を守り，安全に生活をしようとするパワーがある。しかし，他者がいて，多数の人々がいて，社会がある。そのような社会においては，他者をコントロールしようとするパワーもある。個人だけでなく，社会にも，人々をコントロールするパワーもある。

　そのようなパワーに晒され，コントロールされると，その人の安全が脅かされてしまうという捉え方ですね。一人ひとりにパワーがあるけれども，そのパワーの動きによっては，逆に自分が脅かされてしまうことがある，そのような理解でよろしいでしょうか。

【石原】そうですね。パワーがどのように作用しているかを見ていく。安全性の確保に寄与するパワーがあります。安全性が確保できていたり，ニーズが満たされていたりして不自由なく暮らしている

という時は，パワーが自分にとっては良い方向に作用しているわけです。でも，その自分にとって良い方向に作用している，その同じパワーが他の人にとっては，ネガティブに作用していることは当然あるわけです。パワーのおかげで多く得られる人がいれば，他方で，少なくしか得られない人も当然出てきます。

　ここで重要なのは，病気がまずあって，病気のせいでいろんなことができなくなっていると捉えるのではなく，このパワーの作用の仕方で，何かできなくなったりとか，必要なものが得られなかったり，苦境に置かれたりしているという見方ができるということです。そこを見ていくことが，本書の全体の重要なメッセージだと思います。

9．診断のパワーは，問題を個人化する

【下山】そこに「診断」の問題が被ってくるわけですね。患者として精神医学的診断をされることによって，むしろその人のパワーが生かされなくなる，むしろ削がれて医療のコントロール下に入ることになる。それは，その人にとって診断や医療が脅威にもなりかねないということでしょうか。診断のパワーがそこにどのように関わってくるかという問題ですね。

【石原】そうですね。診断は基本的に個人化するものです。DSM の定義もそうですけれども，「個人の中に何か問題がある」という前提が出発点になるわけです。本書の PTMF の捉え方は，そうではありません。まず「パワーが作用している」ということが前提となります。そして，「そのパワーがどのような働き方をしているのか」を見ていくことになります。

　例えば，「どうしてこのように苦しいのか」について考えてみます。それは，まず苦しさがあります。その人は，その苦しさに反応していて，必ずしもうまくいかないような行動パターンをとったりしてしまっているとします。それは，その人に対するパワーの作用の結果なのです。しかし，それを診断的な目で見ると，そ

れはその人の「精神疾患」の問題と捉えられていくことになります。診断というのは，そういう捉え方をするものだと思います。

10. 診断のパワーは，心理的苦悩と努力を消す

【下山】その人は，苦しい事態に対して何とかしようとして，環境に働きかけることも含めて何らかの行動パターンをとる。それは，役に立たないことはあるにしろ，その人のパワーの使い方ですね。ところが，精神医療では，その人を診断して精神疾患として分類する。それによってその人は患者となり，病気という，その個人に問題があるとして個人化されてしまう。

　そのように精神疾患を個人化するのが，診断や医療のパワーということですね。そのようなパワーが働いてしまうと，何とかしようとして行動している，その人のパワーが見えなくなってしまいますね。ある意味で，診断には，その人の現実を見せなくしてしまうパワーがある。つまり，診断や病気という要因を入れて，そこで起きていることを説明してしまう。それは，その人のパワーを消してしまうことにもなりますね。

【石原】はいそうですね。出発点は，やはり"苦悩"だと思います。原書では, troubled とか troubling という表現が使われていますが，"厄介な行動"や"困った行動"が起きてきます。それが現実に起きていることです。側から見ていても，「これを続けていてもどうにもならない」ということが起きてくるわけですよね。

　それをどのように理解していくかというときに，「診断」となると個人に何か内的な問題があって，その現れだと考える訳です。しかし，本書では，そうではなくて，その人へのパワーの作用一般があって，その中でその否定的な働き方をしているパワーが脅威をもたらしていると考える訳です。

　人は，何らかの反応をしています。何とかその状況を変えようとしたり，そこから逃れようとしたりしています。それが，自分にとって，あるいは他の人から見て，すごく厄介な困る行動とし

て現れることがある。そのような捉え方をする訳です。このように出発点となる"行動"とか"心の在り方"をどのように捉えていくかによって，その方向性が全然違うという感じはしますね。

11.　日本の心理職は無力化されるのか？

【下山】まさに，その"行動"とか"心の在り方"は，心理職が対象としているテーマです。私は，「心理職の専門性は，問題をそのようなパワーの動きや働きとしてみて問題を理解し，問題の改善を図ることである」と思っています。この本の原著の著者は，英国の clinical psychologist です。私は，このような英国の心理職やメンタルケアの動向にとても関心があります。

　ただ，日本の心理職の状況は，それとは全く異なっています。石原先生は，福祉職の資格を持っておられるということですので，日本のメンタルヘルスやメンタルケアの状況をご存知だと思います。日本は，世界の先進国の中では，飛び抜けて医師の力が強く，旧式の医学モデルが色濃く残っています。医師以外は診断ができず，心理職は医師の指示の下で働くことが法律で規定されています。

　まさに同書で指摘されている診断の問題が，世界でも最も強固に残っているのが日本であると言えます。私には，「日本の心理職は，このままでは精神医学的診断のパワーの脅威によって無力化されるのではないか」という危機感があります。このような日本の状況において，「精神科診断に代わるアプローチ」研修会を開催するというのは，画期的な企画ではありますが，無謀な試みとも言えるかもしれません。

　ある意味で心理支援という点に関しては先進国である英国の状況とはかけ離れた医学モデル中心の現実が，日本のメンタルケアには厳然としてあります。残念ながら，それが現実です。しかし，私としては，本書の内容を学ぶことによって見えてくることに，とても期待をしています。

　　精神科診断に代わる，このようなアプローチがあることは将来に向けての可能性でもあります。少なくとも，私たちが心理職の未来の設計図を描く際のビジョンに関わってきます。ぜひ参加の皆さまと訳者の皆さまと一緒に議論を深めていきたいと思っています。

12.「心理職の在り方」を考える研修会に向けて

【下山】そのような研修会に参加を考えている皆さまにメッセージがありましたら，お伝えください。

【石原】もともと心理職に対して非常に興味がありました。"こころの専門家"ということについては，かつては批判されたこともあったと思いますが，非常に不思議な感じがするんですね。「"こころの専門家"とは，一体何だ？」という疑問です。「そんなものがあり得るものだろうか？」というのが率直な疑問としてあるんですね。

　　この PTMF の面白いところは，"心理職の一つの在り方"が示唆されていることです。それは，精神医学や精神科医療とは全く異なるアプローチで心理的な苦悩を捉えていくということです。この翻訳書の日本語訳の副題にもあるように，まさに苦悩，"心理的な苦悩"を，精神科診断や精神科医療とは違う捉え方をしていく，そして，それが心理職の専門性であるということが，力強く主張されているように感じます。

　　もう一つ忘れてはならない重要な点は，PTMF のプロジェクトや本書が「精神科医療のサバイバー」（psychiatric survivor）の人たち，心理的な苦悩に関する「非診断的な視点」での経験をもつメンバーと一緒に作られてきたということです。

　　そうしたことを日本でどう捉えていくのかに，すごく興味があります。心理職が，ソーシャルワークを担う職種とどのように連携していくのか，精神科医療のサバイバーたちとどのように協働していくのかが重要なテーマだと思います。日本で，この PTMF

を進めていく時に，どのようにやっていったら良いのか，どのような展望があるのかを議論できればと思っています。

　また，今回の研修会では講師として，訳者の松本さん，白木さん，辻井さんが参加されます。松本さんは，『精神科診断に代わるアプローチ PTMF』の原書を翻訳することを熱心に提案してくれました。松本さんの提案がなければ，この翻訳が世に出ることはなかったと思います。白木さんは翻訳の企画を考えているときにはすでに PTMF の紹介をされていて，ぜひ翻訳に加わっていただきたいと思いました。辻井さんは心理職でオープンダイアローグのトレーナーの資格もお持ちです。私を含めた 4 人はそれぞれ異なった立場，視点から PTMF を捉えていると思いますので，ポリフォニックな場になるのではないかと期待しています。

臨床心理マガジン iNEXT
2023 年 10 月 21 日公開
（特集：心理職の専門性の基盤を創る）
Clinical Psychology Magazine "iNEXT", No.40-2

第 8 章

ケース・フォーミュレーションで
医学モデルを超える

下山晴彦

1．ユーザーとつながる

　心理職の発展のために何が必要でしょうか。いくら心理支援の技能を高めてもそれを活用してもらわなければ，心理職の発展にはつながらないでしょう。その点で心理職が発展するためには，なるべく多くのユーザー（利用者やクライアントなど）に心理支援サービスを活用してもらうことが重要となります。

　心理支援サービスは，活用される過程でのユーザーとのやり取りを通して，より役立つものとして改善されて発展していきます。さまざまな人々や場所のニーズや目的に沿って，つまりユーザーの要望にマッチした心理支援サービスが開発されていきます。その結果として心理職は発展することになるというわけです。

　心理支援サービスをなるべく多くの人々に利用してもらうためには，質の良いサービスをより多くの人々に届けるシステムが必要となります。ところが，日本ではこれが全くできていません。このようなサービスの提供が“不行き届き”な状態は，単に心理支援サービスに限ったことではありません。メンタルケアのサービス全体についても，ユーザーが必要なサービスを必要なときに活用できない“サービスギャップ”が大きな問題になっています。

2．サービスギャップを超えるために

　多くのユーザーは，自分の状態に適したメンタルケアサービスが
どのようなものであり，何処にアクセスしたらそのサービスを受け
られるのか分からないでいます。逆にメンタルケアの専門職は，必
要とされるサービスを，それを必要とするユーザーに提供すること
ができていません。このような状態だからこそ，心理職の発展には，
ユーザーとつながることがまず必要となります。

　心理職の狭い世界の内で仲間割れをしているのではなく，心理職
の外の世界である社会に心理支援サービスをどのように提供するの
かをみんなで考えることこそが，心理職の発展に向けての第一歩と
なります。

　そこで，心理支援サービスをユーザーにつなげていくためのキー
ワードを取り上げることにしました。本章では，ユーザーのニーズ
にマッチした心理支援を提供するための技能として「**ケース・フォ
ーミュレーション**」をテーマとしました。

3．ケース・フォーミュレーションとは

　**ケース・フォーミュレーションは，アセスメントによって得られ
た情報に基づき形成した"問題の成り立ち"に関する仮説です。**ア
セスメントでは，クライアントの主訴を手懸りに，問題はどのよう
なものなのか，どのような要因で問題が起き，維持されているのか
を探っていきます。そして，そこで得られた情報から，"問題の成り
立ち"を"見立て"ます。これが，ケース・フォーミュレーション
です。さらに，そのケース・フォーミュレーションに基づいて，問
題解決に向けての介入方針を決めていきます。**その点でケース・フ
ォーミュレーションは，介入のための作業仮説になります。**

　アセスメントで得られる情報は，ただ羅列されていただけでは，介
入方針を立てるのには役立ちません。多様なアセスメント情報を統

合して問題の成り立ちを明確化することで，初めてその事例に適した介入法を選ぶことができます。そのために必要となる作業がケース・フォーミュレーションです。

　近年，ケース・フォーミュレーションは認知行動療法との関連で論じられることが多くなっています。しかし，どのような心理療法であっても，アセスメント情報に基づいて介入方針を決める構造は共通しているので，ケース・フォーミュレーションは心理療法一般に適用できるものです。この点については，林（2019）[※1] で詳しくまとめられているので参考になります。

4．ユーザーのニーズに沿った心理支援を仕立てる

　クライアントが訴える問題は，さまざまな要因が複雑に関わる状況になっています。そこで心理職は，臨床心理学や精神医学の知識，心理療法の理論モデルを参考にして問題の成り立ちを見立て（推論して），ケース・フォーミュレーションを生成していきます。

　ここで注意しなければならないのは，問題に関連する情報からケース・フォーミュレーションを生成するのではなく，理論モデルをそのまま当てはめて問題を理解してしまう危険性です。問題が複雑であればあるほど，さまざまな要因が，時に矛盾し，時に融合し，互いに重なり合って抜き差しならない事態となっています。そこで，理論モデルで割り切って問題を理解し，それに基づいて介入方針を立ててしまうことが生じやすくなります。

　理論モデルで割り切れたことで心理職は満足できるかもしれません。しかし，それでは，クライアントの主訴や問題の現実に即した介入ではなく，理論に沿った心理職中心の介入となってしまいます。そのような場合，どのような問題に対しても，自分が属する学派の心

※1）林直樹（2019）ケースフォーミュレーションの概念と歴史．In：林直樹・下山晴彦編：ケースフォーミュレーションと精神療法の展開［精神療法　増刊第6号］．金剛出版．

理療法モデルを適用するということが起きてきます。その結果，ユーザーのニーズに応えられないだけでなく，心理職は，ますます各学派の心理療法モデルに依存するようになり，学派間の対立が維持されることになります。

　既存の理論モデルに基づく介入では，出来合い（既成品）の心理支援の押し付けでしかありません。ユーザーのニーズに即した心理支援，つまりクライアントの要望にそって仕立てる（オーダーメイドの）介入をするためにはケース・フォーミュレーションが必要となるのです。その点でケース・フォーミュレーションは，心理職の"仲間割れ"の解決に向けて重要な役割もあるということになります。

5．診断を超えてクライアントと協働する

　心理療法の学派の理論モデルとともに複雑な問題状況を安易に割り切ってしまう危険性と関連するのが精神医学的診断です。診断は，分類基準に従って患者の症状を客観的（操作的）に判断し，何らかの疾病に分類します。それに対してケース・フォーミュレーションは，疾病の客観的分類が目的ではなく，クライアントの主観的判断を尊重し，問題の個別状況に即して問題の成り立ちを探り，介入方針を定めていくための作業仮説の生成をしていきます。

　さらにケース・フォーミュレーションは，診断とは違い，クライアントの主観的見解を尊重してクライアントと協働して作成することが特徴です。診断は，原則として医師が患者を問診し，診断分類や診断マニュアルにしたがって判断します。それに対してケース・フォーミュレーションは，ある程度ケース・フォーミュレーションのアイデアができてきたら，それを仮説としてクライアントに提示し，説明をして意見を出してもらい，修正し，より現実に即したものにしていきます。

　医学的診断体系は，医学・病理モデルに従って生物的病因→疾病診断→医学的治療という枠組みが前提となります。それに対してケ

ース・フォーミュレーションは，生物的要因だけではなく，心理的要因や社会的要因も含めて情報を総合して問題の成り立ちを見立てるものです。その点でケース・フォーミュレーションは，診断を超えて総合的な臨床的見解を形成するものであり，心理職の専門性や主体性の核になる技能です。

6．ケース・フォーミュレーションを学ぶ事例検討会

　では，このようなケース・フォーミュレーションの技能を磨くにはどうしたらよいのでしょうか。私の経験では，事例検討会を通して学ぶことが最も有効な方法です。むしろ，**事例検討会は，ケース・フォーミュレーションの技能向上のための方法**といえます。

　事例検討会の目的は，特定の問題の解決・改善を目指す実践活動の経過を事例として提示し，複数の参加メンバーでその経過を見直すことを通して，問題理解を深め，より有効なケース・フォーミュレーションを見出していくことです。事例担当者は，自らの理解や介入方法に拘ったり，問題のあり方に巻き込まれたりしてケース・フォーミュレーションが固定化し，柔軟に対応できていない場合が多くなります。そこで**事例の経過を発表し，参加メンバーから他者の視点を得ることで，自らの固定した見方から自由になり，より効果的な実践に向けてケース・フォーミュレーションを調整していきます。**

　ただし，事例発表者のケース・フォーミュレーションの技能レベルによって，事例検討会の役割は変化します。事例発表者が学生や若手心理職であれば，事例検討会はケース・フォーミュレーションの「教育」のための場になります。日本では，事例検討会というと学生や若手心理職が発表し，それを上位の教員やベテラン心理職が指導するという構造になりがちです。ベテランが若手を指導するという権力構造をもつ事例検討会では，若手に学派の理論モデルを教えるという学派や派閥を維持するための場になります。そのような場合，事例検討会が学派の対立，そして仲間割れを維持する温床に

なってしまいます。

　そこで，ケース・フォーミュレーションをテーマとして臨床心理 iNEXT が企画し，実施する講習会「大事例検討会」では，ベテランが発表し，若手がコメントするという構造とし，しかもさまざまな心理療法を実践しているメンバーが参加し，ケース・フォーミュレーションのあり方を自由に討論する形式としました^{※2)}。

7．ケース・フォーミュレーションを研究する事例検討会

　事例検討会は，ケース・フォーミュレーションを学ぶだけの場ではありません。ケース・フォーミュレーションを研究したり，さらには実践チームを形成したりする機能があります。それをまとめると図 8-1 のようになります。

【教育機能】事例検討会に参加しているメンバーも議論を通して多くのことを習得できます。事例報告者だけでなく，参加者全員にとっても，技能の学習と向上が可能となります。指導者は，参加者の技能のレベルを評価し，訓練方針を定めることが可能となります。その点で主体的／客観的に技能の教育を進める機能をもっています。

【研究機能】事例検討会では，事例の理解と介入に向けて仮説（＝ケース・フォーミュレーション；CF）を生成し，検討します。複数の事例検討を通して新たな問題理解や介入の方法を見出していく機能があります。その点では研究の機能ももっています。

【協働機能】事例検討会に参加し，議論を交わすことでメンバーは，互いに知り合い，問題理解や臨床観を共有することになります。その点ではメンバー間での協働関係やチームワークを形成する機能

※2)「大事例検討会」の記録は，以下の書籍として公刊されている。下山晴彦編（2023）事例検討会で学ぶケース・フォーミュレーション──新たな心理支援の発展に向けて．遠見書房．

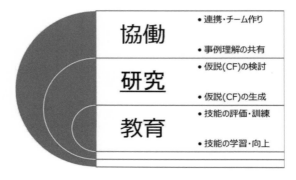

・連携・チーム作り

・事例理解の共有

・仮説(CF)の検討

・仮説(CF)の生成

・技能の評価・訓練

・技能の学習・向上

協働

研究

教育

図 8-1　事例検討会の機能

をもっています。

8．ユーザーのニーズにマッチするサービスを提供する

　以上，ユーザーのニーズに応える心理支援を実施するためには，ケース・フォーミュレーションが必要であること，そしてケース・フォーミュレーションの技能の向上のためには事例検討が必要であることを示しました。このようにしてユーザーのニーズにマッチしたサービスを提供することが，心理職がユーザーとつながる第一歩となります。

　これまでの日本の心理職ワールドには，ユーザーとのマッチング，さらには心理支援サービスのマーケットを開発するという発想がありませんでした。心理支援を求めて来談する人にカウンセリングや心理療法を実施するという，来談者を座して待つ枠組みがほとんどでした。これは，19 世紀後半から 20 世紀前半のフロイトやユングといったセラピストをモデルとした「プライベート・プラクティス」がモデルになっていたからです。

　しかし，今は，21 世紀の高度情報社会です。オンラインでどこからでも，いつでもコミュニケーションが可能な時代となっています。第 4 次産業革命の中ですべてのものがネットでつながる IoT の社会

になりつつあります。心理職は，このような新たな時代に対応して，主体的にサービスのマーケットを開発することが求められています。心理支援が必要な人に，適切なサービスを届けるシステムを創っていかなければなりません。

9．心理支援サービスのマーケット開発へ

　日本のメンタルケアにおいては，ユーザーとサービスを適切につなぐシステムがないために，多くのユーザーは，精神科や心療内科のクリニックに殺到しています。その結果，3分診療や多剤大量処方の問題が起きてきています。残念ながら，不適切な薬物治療がなされ，副作用で苦しむ場合も生じています。

　そこで必要となるのが，心理職が医学モデルの限界を超えて，主体的に心理支援サービスを社会のシステムやネットワークに位置づけていくという意識をもち，そのための準備をすることです。これは，心理支援サービスを新たな産業にしていくことにつながります。今回は，心理職が活躍できるマーケットを開発するための技能としてケース・フォーミュレーションの必要性を説明しました。

臨床心理マガジン iNEXT
2021 年 12 月 9 日公開
（特集　ユーザーとつながる）
Clinical Psychology Magazine "iNEXT", No.25-1

第4部

分断から対話、そして豊かな実践へ

第 9 章

心理職の未来のための設計図を語る

東畑開人　下山晴彦

1．なぜ「ふつうの相談」が大切なのか？

　臨床心理 iNEXT 主催「『ふつうの相談』を徹底的に議論する」研修会の副題は，「心理職の未来のための設計図を語る」となっています。では，なぜ『ふつうの相談』を議論することが「心理職の未来の設計図」と結びつくのでしょうか。それは，「ふつうの相談」をどのように位置づけるかが，今後の日本の心理支援のあり方を決定するからです。

　かつて日本の心理支援においては，フロイトやユングなどが創設した学派の心理療法を実践できることが理想モデルとなっていました。しかし，公認心理師制度の導入後は，心理支援は公共サービスとして位置付けられ，誰でも気軽に利用できる「ふつうの相談」が求められるようになりました。学派中心モデルから利用者中心モデルへの転換が起きたわけです。

　ただし，その転換が上手くいっていません。その理由は，心理職の発想の転換がスムーズにできていないからです。相変わらず学派の違いによる分断が継続しています。さらに公認心理師制度の偏りという限界も，転換が進まない要因となっています。**公認心理師制度は，医療や行政の主導で進められており旧式の管理モデルが前提となっているので，利用者が気軽に相談できる心理支援システムにはなっていない面があります。**

2．今こそ，心理職の未来の設計図が必要なのだ！

　結局，心理支援の担い手である心理職は，主体的に公認心理師の制度設計に関わっておらず，心理職の観点から「ふつうの相談」を形作ることができていません。したがって，今後，利用者が誰でも気軽に利用できる「ふつうの相談」をどのように発展させていくかが心理職の未来と深く関わっているのです。

　確かに現在の状況では，医療や行政の進め方に対抗することは難しいと言えます。多くの職能団体や学会は，医療や行政の主導で進む公認心理師制度に追随することで手一杯です。それはそれで必要なことと言えるでしょう。しかし，心理職の未来のあり方について，少しでも心理職が主体的に議論する場があっても良いと思います[※1]。

　いつまでも，このような医療や行政中心の管理的なメンタルケアが続くのは望ましくないし，また続かないと思います。臨床心理iNEXTは，将来に向けて心理職の主体性や専門性についての議論を，細々であっても続けていきたいと思っています。

　そこで本章では，注目新刊本である『ふつうの相談』（金剛出版）の著者である東畑開人先生にインタビューをしました。

3．『ふつうの相談』を執筆するきっかけ

【下山】臨床心理iNEXTでは，『ふつうの相談』を注目本として取り上げて，著者研修会を開催します。そこで今回は，著者の東畑先生にお話を伺うことにしました。まず本書を書こうと思ったきっかけから聞かせていただけますか？

【東畑】先日，出版された『精神分析的サポーティブセラピー（POST）

※1）臨床心理iNEXTでは，そのような場としてオンライン・コミュニティ「iCommunity」を提供しています。心理職及び心理職を目指す学生であれば参加できます。登録は☞ https://cpnext.pro/lp/icommunity/

東畑開人
／とうはた・かいと
（白金高輪カウンセリング
ルーム）

入門』（金剛出版）に１章分の執筆を依頼
されたのが最初でした。その本は日々の
クライアントを支えたりサポートしたり
する臨床で，**精神分析**というものがいか
に活用されているのかをテーマにしてい
るのですが，そこに僕も「ふつうの相談」
という，日々やっていることを書こうか
なって思ったんです。

　その時，編著者である山崎孝明さんと議
論をしていたときに，精神分析が中心にあ
って，その応用として発生したのが POST
という考え方が彼の中にあるように思っ
たんです。真ん中に純金の精神分析や認知行動療法などの学派的規範
があって，それを応用した合金として日常臨床があるというのは日本
の臨床心理学でこれまでも多く語られてきた考え方ですね。

　ただ，僕はそれは逆なのではないかと思い，完全に構造を反転させ
てみようとの狙いがあって論文を書き始めた。そしたら，すごく長く
なっちゃって。気づいたら８万字ぐらいになっていたんですね。これ
はもうその本に載せられないとなった。僕なりに結構手応えのある論
文になったので，いっそ本にしてしまおうというのがいきさつです。

４．純金の心理療法というものはあるのか？

【下山】なるほど。執筆依頼をされた本の編者の本来の意図としては，
　　学派の理論がまず中心にあることが前提になっていた。そこには，
　　「現場では純粋に理論通りにはできないから，残念だけど"**折衷
　　的**"にサポーティブにやるしかない」といった発想が感じられた
　　ので，それは違うと思ったことが，執筆のきっかけなのですね。

【東畑】その"**折衷的**"という言葉は，学派を前提にしていると思う
　　んですよね。これは僕の上の世代ではしばしば自嘲気味に「なん
　　ちゃってユング」とか「なんちゃって CBT」みたいなことが語ら

れていて,それは「純粋なユング派心理療法とか純粋なCBTはできない。でもそこからインスパイアされて現場に合わせてやっているんです」みたいなニュアンスがありました。ここにはどこか後ろめたさがあるんですね。

　で,それはそれで正しい面もあるのですが,「**本物の心理療法とは何か**」みたいな議論になっていくと,臨床から離れていくように思ったわけです。むしろ,**ふつうの相談が真ん中にあって,それをめちゃめちゃ濃くしたのが純金の精神分析であり,CBTであるというように,発想の転換をした方が,より現実に即した臨床心理学を構想できるのではないかと考えたのが,今回の本ですね。**

【下山】ゲシュタルトが変わるとか,図と地が逆転するみたいな感じですよね。

【東畑】そうです。

5．医療人類学を経由して王道から離脱する

【下山】東畑先生は,京都大学という,ユング派的なところで学んだわけですね。その考え方の転換は,**京都大学で学んだからこそ起きてきたものでしょうか？** それとも,京都大学のユング派の人たちはやはり純金志向が強くて,東畑先生はその中では特殊な動きをしているものなのでしょうか？

【東畑】これは両方の側面があると思っています。一つはやっぱり京都大学で学んだときは,ユング的だったり,河合隼雄的だったりの本物の心理療法があるという風潮はあって,僕もそれにもともと憧れていました。「**正統な心理療法があり,それが王道である**」という感じです。ここには伝統があり,実績があり,成果がありました。ですから,それはそれで素晴らしいものなのですが,**僕はそれとは違う考え方をしようと離脱を試みてきたというのはあるんですね。**

　だけど,**ただの離脱ではないんですね。そのために僕が何をしてきたかというと,医療人類学を経由しているわけです。**これが

もう一つです。僕が最初に出版した『野の医者は笑う』（誠信書房）では，スピリチュアルヒーラーと臨床心理学を比較した。『居るのはつらいよ』（医学書院）は，精神科デイケアとカウンセリングを比較した。

　医療人類学的な視点がもたらしてくれたのは，「何が本物か？」という問いではなくて，すべてを「本物」だとしたうえで，それら異なるもの同士を並べてみて，共通する構造と差異は何だろうかと考える問いです。そういう視点でいろんなことを考えてきたんです。

６．昔からあった比較心理療法論

【東畑】　この視点そのものは，実はユング心理学の中にあったものだし，京大の臨床心理学の中にあったものだと思います。京大でよく引用されていたエレンベルガーの『無意識の発見』（弘文堂）も歴史という軸でいろいろな治療を比較しているのだと思います。たとえば，シャーマニズムと精神分析を比較したりしています。

　そしてユング自身も，やっぱり「集合的無意識」ということを考えることで，人類学的な視点を持っているように思うんですね。比較文化論的な発想があり，それらに共通する構造とは何かを考えて，元型というアイディアが出てくるわけです。河合隼雄も日本の心理療法と欧米の心理療法の比較を軸にものを考えており，そこには人類学的な眼差しが入っていると思います。

　僕が京都大学で受けた教育にはそういう比較心理療法論的なところはあったので，そこは継承しているのではないかなと思います。そういう意味でさっきの質問には両方の意味があるという感じがしますね。

７．時代変化の中で心理療法の役割を見ていく

【下山】　心理療法を比較する場合，時代の変化も考慮する必要がある

と思います。かつては，"野生の思考"といった時代があり，中世の伝統社会があり，さらに19世紀になり社会の近代化が進んだ。**その近代化の中で心理療法が生まれたわけですね**。それが，創始者を中心に心理療法の学派となり，権威になっていった。だから，エレンベルガーにしても河合隼雄先生にしても，近代以前の考え方と，近代化後の考え方の両方を持って心理療法を理解しようとしていたと思います。

　そのような時代推移の中で生まれた心理療法であるので，いずれの学派の心理療法も，その底には近代以前の"野生の思考"のようなものを含んでいると思います。**近代化の中でそれらしい理論化はされてきていますが，実はその中には近代以前の混沌も含んでいると見ることができますね**。東畑先生の医療人類学を経由した比較心理療法論は，そのような近代以前の混沌も含めて心理療法の比較をしていこうとするものですね。

【東畑】対人援助という広い文脈から，現代の心理療法を考えてみたいと思ったんです。**人が人に相談するとか，人が人に頼るとか，そういう古代からある人間の営みが，ある時代ある社会で心理療法という形をとる**。そういう観点ですね。

【下山】それをどのように位置づけるかということは，ぜひ研修会の時に議論していきましょう。

8．情報社会＆公認心理師制度の中で心理療法は成り立つのか？

【東畑】ちょっと付け加えると，時代の推移の中で心理療法を比較する視点は，下山先生が翻訳されたマクレオッドの『物語りとしての心理療法』（誠信書房）にもあって，その影響もありますね。

【下山】そうですね。私はマクレオッドさんの本を翻訳し，彼と個人的に交流をする中で，時代の変化，特に近代化のプロセスに各心理療法を位置付ける視点を学びましたね。

【東畑】ですから，比較心理療法的な考え方は，臨床心理学の中では連綿とあるように思うんです。下山先生もそれをやられているし，

中井久夫も河合隼雄もそうですよね。この問いはメインストリームにはなりませんが，常にオルタナティブな思索として存在していて，それは心理療法が原理主義的になることを防いだり，解毒したりするものだと思うんです。**心理療法にはいろいろあるけれども，その背景に共通の構造があり，さらにそこに差異を見出していく作業が僕らの学問の中にずっと流れている水脈としてあるように思います。**

【下山】そういう見方もできるとは思います。しかし，私は，残念ながら時代はさらに進んできてしまっていると考えています。今は，近代を超えた高度情報社会の只中にいるわけです。IoT，VR，そしてAIの時代です。もし，**さまざまな心理療法の根源的なものがあるにしても，それがこの高度情報社会の中にどのように位置づけられるのかについては，危機感を持ってみていかなければいけないと思います。**

　私は，そのような根源的なものは，今の時代に位置付けるのは困難になっているのではないかと悲観的にみています。**根源的なものがあったとしても，現代の情報社会の中で，そして公認心理師制度の中で心理療法は成り立ち得るのかというテーマに行き着きます。**そのあたりも，研修会で議論ができたらと思います。

9．学派主義からの脱却は，本当に可能か？

【下山】私が，『ふつうの相談』を読んで面白いなと思ったのは，学派主義から抜けようとしていること，あるいは原点に戻ろうというところです。しかも，その原点を現場の営みに見出そうとしているところに関心を持ちました。それは，日本の今の心理職にとって，大きなテーマだからです。

　特に中堅心理職やベテラン心理職にとっては，公認心理師制度以降の変化にどのように対応するかとも関連して重要な課題となっています。私も含めてこの年代の人にとって，**河合隼雄先生の影響力はとても大きかったわけです。**その影響力から脱しないと，

今の時代の変化についていけないのです。『ふつうの相談』は，その部分は正面から扱っていますね。

【東畑】そういう歴史的批評というのは僕の仕事の中にずっとあるように思います。

【下山】研修会では，そこを議論したいと思っています。それに加えて今の若手の人たちは，河合隼雄という存在自体を知らないこともあります。公認心理師制度が進む中でその傾向はますます進むでしょう。そのような時代において比較心理療法論はどのような意味を持つのか，あるいは，もはや持たなくなるのかについても議論をしていきたいと思います。

10.　現場での心理職の実践を社会に発信する

【下山】それとも関連して，『ふつうの相談』を執筆するにあたって，どのようなことを一番読者に伝えたかったのか，この本がメッセージとして最も大切にしているものは何かを教えてください。

【東畑】二つあります。一つ目を言うと二つ目が導き出されます。一つ目はこの本の「最もコアな中核の読者は誰なのか」という問題と関わってきています。これは，やっぱり現場の臨床家です。とりわけ現場で仕事をしている中堅の臨床家たちです。大学院を出た後に，それぞれの現場で5年から10年ぐらい仕事をしていて，病院にせよ，学校にせよ，そこで責任者になり始めている同僚たちです。

　中堅の心理士たちは，それぞれの現場で「こういうことが支援になるんだ」とか，「臨床とはこういうものなんだ」という，自分なりの考えや臨床観をもっています。しかし，それらは，ほとんどアカデミックな論文や本になっていなかったり，言葉になってなかったりするんですね。なぜかというと，臨床心理学という学問の持っている言葉が学派の言葉の方に偏っていて，現場の臨床というものを語るための枠組みを持っていないからだと僕は考えています。

　例えば，僕の『居るのはつらいよ』という本がそうです。その

本で扱ったデイケアの臨床を語る言葉は，それまでたぶん臨床心理学の中にちゃんとはなかったと思うんです。そのリアリティを乗っけて運んでくれる言葉や概念，そして文体ですね。ですから，『居るのはつらいよ』は，同じような臨床をしている人たちに「新しくこういうやり方をやったらいいよ」と言いたい本ではなく，すでに存在している実践をシェアするための本でした。

　僕の本はすべてそうです。それが人類学的なところだと思います。規範を示すのではなく，実態を言語化する。ですから，『ふつうの相談』に書かれた概念たちが，そういう中堅の臨床家がすでに実践しているものを，社会的にシェアし，発信するためのプラットフォームのような言葉になるといいなと思っています。

11.　心の内だけでなく，社会学的視点を持つ

【東畑】ここから導かれる二つ目は，"権力"ということと関わってきます。つまり心の内側に働く力動ではなく，心の外側＝社会に働く力動のことです。「社会的力動」という言葉をこの本ではつかいました。臨床というものが，いかなる政治的，経済的，社会的な力に取り巻かれているのか，そしてその中で心の臨床は人間をどのようにかたどっていくのかという問いですね。

　この社会学的視点が，今まで僕が研究してきたことの軸になっているものですし，臨床心理学にとっては新しい点だと自分では思っています。臨床心理学がカラフルに社会を捉え，臨床現場をもっとカラフルに描くことができるようになるためには，この社会学的な視点がいるように思います。

　実際，現場の最前線で仕事をしている心理士たちは，そういう社会的な力動をひしひしと受けながら，その中で心の支援をしているわけです。これは非常に面白いことで，すでにかなり精緻なものとして練り上げられた心のモデルだけを考えているよりもずっとクリエイティブではないかと思うんですね。

【下山】その点は，議論になるところですね。これまでの臨床心理学

には，心の内だけでなく，社会を扱ってきた方法もあります。コミュニティ心理学も家族療法も社会の権力的なものを扱ってきています。認知行動療法も，社会環境にどのように反応するかを扱っている。だから，心の内だけを扱ってきたのは，むしろ心理力動的心理療法，つまり精神分析やユング派の心理療法に限られたことだったわけです。東畑先生は，その限られた世界を中心に見ているという面もあると思います。

12.　心理職は，社会的権力をどのように扱うのか？

【東畑】僕は，それは意見が違います。ここにあるのは，「社会」という次元をいかに捉えるのかの違いですね。認知行動療法も家族療法も，外界については語っているし，環境というものがもたらす力については十分に語っていますね。たとえば，ストレスという概念には環境や外界というものが刻印されています。

【下山】社会環境は，人間の反応を引き出す刺激ですから避けて通れない対象ですね。

【東畑】また，力動的心理療法においても環境についての概念はあるし，重視されています。ウィニコットの仕事が典型的でしょう。しかし，それは外界や環境についての言葉ではあっても，社会についての言葉ではありません。社会というものは歴史的で，政治的で，経済的なものです。それは単なる外界とは違う。

　この人文社会科学的な視点を再導入するために，僕は医療人類学の力を借りたわけです。さらにいうと，従来の臨床心理学でもっとも欠けていたのは，自分自身を社会の一部とみなして，社会学的な批判の対象にする感性です。たとえば，精神分析にせよ，認知行動療法にせよ，社会学的な批判はたくさんあります。

　これらを引き受けたうえで，どういう社会的文脈においては心理療法はどういう意味で有効であるのか，あるいは無効であったり，有害であったりするのかを考えていかないといけない。これらを考える上で，外界や環境という平坦な言葉を超えた歴史的，経

済的，政治的な言葉と議論が必要となると思っています。ここが違いですね。

【下山】　そこに権力ということが出てくるわけですね。社会は，同時に権力のシステムですから，社会環境に関わる限りは権力の問題に関わらざるを得ない。

13.　現場から日本の心理支援を形作ることに向けて

【下山】　少し話が戻りますが，現場の心理職の声が届かなかったということについては，今まで心理職の活動をリードしてきたのが，大学の教師だったからということも原因だったと思います。

【東畑】　この問題は非常に深いですね。臨床心理学にとって「大学」とは何か。これを問わないといけないと思います。

【下山】　現場の人たちは，自分たちの実践を語る余裕がない。そもそも論文を書く時間がない。現場で使っている“言葉”は，論理の言語ではないですね。そのような臨床の言葉を論文にするのは，それを論理言語に変換しなければいけない。それは，無茶苦茶大変な作業です。それに対して大学の教師は，日常で学問の論理言語を使っているので論文は書きやすいということはありますね。

　　ただ，日本の大学教師は，学派の論理を頭に組み込んでしまっていることが多い。そのため，学派の用語を使って論文を書いてしまうので，対立も起きてしまう。結果として，普通の現場の心理支援の実践がどこにも言葉として届かなくなっているという問題もあると思います。私も大学の教師ですので，それは自戒を込めて議論したい点です。

　　今こそ，普通の現場から日本の心理支援を形作っていくことが必要な時代ではないかと思っています。

臨床心理マガジン iNEXT
2023 年 9 月 26 日公開
（特集：秋だ！心理職のスキルアップの季節だ！）
Clinical Psychology Magazine "iNEXT", No.39-4

第 10 章

認知行動療法と精神分析の対話は可能か？

山崎孝明　下山晴彦

1．認知行動療法と精神分析の対話は可能か？

　日本では，カウンセリング，精神分析，ユング派心理療法などを学んできた心理職が比較的多いと思います。しかし，最近は，認知行動療法（以下 CBT）への関心が高くなっており，利用者も CBTを求めるようになっています。ですので，CBT を専門としない心理職が CBT をどのように学び，実践するのかが重要な課題となっています。そこで，臨床心理 iNEXT 主催の事例検討研修会の第一の目的は，CBT を専門としない皆さまに行動技法の活用法を知っていただくことです。

　第二の目的は，精神分析をはじめとする CBT 以外の心理療法と認知行動療法の協力や役割分担は可能なのかについて議論することです。もちろん精神分析でしかできないこと，認知行動療法でしかできないことはあります。しかし，私は，お互いが上手に役割分担して協力できるならば，日本の心理支援をとても多様で豊かなものにできると考えています。

　ひいては，それが日本の文化に根ざした，日本の利用者に役立つ心理支援を発展させる契機になると考えます。これは，CBT を専門とする心理職の皆さまにぜひ考えていただきたい点です。

　そこで，日本の認知行動療法をリードしてきたエキスパート心理職の神村栄一先生[※1)]に事例を発表していただき，日本の精神分析の若き旗手の山崎孝明先生[※2)]をはじめとする中堅の心理職の皆さ

まに参加していただく事例検討会を企画しました。本章では，事例
検討会に先だって，参加にあたっての抱負を，山崎先生に伺うインタビューを実施致しました。

2．行動技法は役立つ。だから学びたい

【下山】まず，今回の神村先生の事例発表の検討会に参加するにあたってどのようなことを期待するかを教えてください。

【山崎】今回は，CBT の中でも第一世代の行動療法の技法がテーマですよね。**実は，僕にとっては行動療法と精神分析との間に齟齬はあまりないんです。**もちろん相違点もありますが，世間で思われている以上に共通点があると思っています。たとえば，転移解釈を情緒体験への曝露として見る視点は精神分析の内部にも存在します。その上でですが，**行動技法は援助職にとって，オリエンテーションを問わず必須の技法だと思っています。**それで，今回の検討会への期待としては，そのままですが，行動療法を学びたいということがまず第一にあります。**精神分析は問題理解にはたいへん役立ちますが，介入においては行動療法の方が多くの場面で役立つという点では反論の余地がありません。**

【下山】え！　そんなこと言っていいの？（笑）

【山崎】これまで日本の精神分析は，医師が中心になって発展してきました。しかし，最近は心理職が多くなっている。このような職能の違いによって，精神分析の価値観も変化してきていると思います。**心理職の場合，精神分析の原理で実践をするのではなく，ユーザーの役に立つことが大事だという価値観になってきていると思います。**これは，あくまでも僕の見方ですが。

※1）神村栄一先生の主な著書：『実践家のための認知行動療法テクニックガイド』（北大路書房），『レベルアップしたい実践家のための事例で学ぶ認知行動療法テクニックガイド』（北大路書房）

※2）山崎孝明先生の主な著書：『精神分析の歩き方』（金剛出版）

3．精神分析には，介入法としての汎用性がない

【山崎】 当たり前ですけど，行動療法は役に立つんです。そもそも僕は山上敏子先生の本も複数読んでいるし，動機づけ面接の本もすごく好きです。僕自身は，もしかしたら精神分析よりもエリスの論理情動行動療法の方が向いているのではと思うことすらあります。自分はベースが論理重視だからこそ，ロジックではないところが必要で，それで精神分析を必要としていると思っているんです。

　　僕にとって**精神分析は，ロジックではないところを扱うために必須のものです**。僕個人としては，そこが自分にとって足りない部分だと思っているからこそ精神分析を学びたいし，大事だと思っている。でも一方で，精神分析には限界があるとも思っています。**精神分析は理解や解釈という点では役に立ちます。でも，介入技法としてはあまり汎用性がないんですよ。**

【下山】 そこまで言い切って大丈夫？

【山崎】 はい，だって，それが事実だと思うんですね。僕は，小此木啓吾も河合隼雄も直接的に知らない世代なわけです。だから，僕は上の世代のこととは関係なく，臨床の仕事をしていて，目の前で起きていることからものを考えられるというメリットがあります。そこで，「目の前の人に，今何が必要か」となると，必然的に「精神分析は汎用性がない」となるでしょう，というわけです。

【下山】 なるほど。最初に言われていた「自分は精神分析をやっているけども，行動療法に違和感がない」ということが，少しわかってきました。

4．精神分析も行動療法も生物性を基盤としている

【下山】 精神分析を実践している山崎先生が行動療法には違和感がないというところ，もう少し詳しく聞かせて下さい。

【山崎】精神分析は，性本能などの人間の
生物性を大事にしていますよね。行動
療法もやっぱり人間の動物性というか，
生物性を大切にしていると思うんです
ね。そういう意味で，僕としては精神
分析と行動療法は，結構合うのではな
いかと思っています。むしろ，認知療
法は，人間の生物性よりも人間性とい
うか，論理や知性を重視していますよ
ね。その点で認知療法は，精神分析の
価値観とはぶつかるところがあるかな
と思います。

山崎孝明
／やまざき・たかあき
（こども・思春期メンタル
クリニック）

　たぶん，生物性・動物性の軸と，倫理性・知性の軸の 2 軸があ
るんだと思います。僕は，行動療法と精神分析を前者に分類して
いる。だから，僕にとっては行動技法的なコーピングはわかるん
だけど，認知的なコーピングはちょっとしっくりこないというこ
とになります。

【下山】段々分かってきました。精神分析も行動療法も人間のある種
の生物的な本能的なものを扱っている点では違和感がないという
ことですね。なるほどです。

【山崎】両者で扱い方は全然違うけれども，ターゲットにしていると
ころはけっこう近いところもあるんじゃないかと思います。そこ
では，人間をどう見るかっていう，人間観がすごく関わってくる。
合理的な部分を大事にするのが認知療法だと思うんですね。だか
ら，今は，認知行動療法ということで行動療法と認知療法が一緒
になっているけれども，その 2 つはかなり違うんじゃないかと外
野から見ていると思います。行動療法は，別に人間の合理性を信
じてないと思うんですよ。

【下山】そうですね。行動療法では，人間の行動の原理としてどれだ
け "快" があるかといった欲動と結びつけている。それは，知的
判断とは違いますね。

【山崎】自然な生物的な反応を知性で抑え込もうとするから変なことが起こる，という価値観は共通しているんじゃないですかね。"無意識"と"反射"は，たぶん同じレベルのことを，違う言葉で言っている部分があるんだと思います。そう考えると，行動療法で言われていることも違和感なく受け取れるんです。

5．非合理性を扱う精神分析は CBT の実践に役立つ

【下山】なるほどです。そのことを前提とした上で，精神分析はどちらかというと，アセスメントで問題の理解や解釈には役立つ。しかし，介入に関してはそれほど実効性がなくて，むしろ行動療法の方が使えるということですかね。

【山崎】そうですね。実際のところは，神村先生の事例で学ばせてもらいたいと思っていますが，たとえば同じ行動活性化技法でも，どれだけ強制性を持った方がいいかとか，そういう細かいアセスメントには精神分析的な視点が必要だと思っているんですね。精神分析では，人間は，合理的な部分だけでコミュニケーションすると思ってない。同時に絶対に非合理な部分が動いていると考えます。だから我々は，転移とかを考えるわけです。非合理な部分を考慮に入れておくために，この人がどういう人生を送ってきたかを大切にします。

　転移というのは，人生の途上で他者から受けた影響を持ち出したあり方で，言ってしまえば非合理なものですね。でも，そうだとして，それを「非合理ですね」と言ってもしょうがない。そこで精神分析の出番です。ただ，それは，転移解釈をして転移を解消するとかいったことを目指すためではなく，転移から受ける悪影響をかわすために，転移をわかっていなければいけない，ということです。繰り返しますが，介入技法としての精神分析にはあまり汎用性がありません。対人関係における親密性の問題がある場合には，精神分析は選択肢に入るけれども，そのような問題で来談する人はそう多くないですよね。

やはり症状をとるとか，問題行動を変化させるとかいったことを望んで私たちのもとを訪れる方が多い。そういう点では，どう考えても行動療法や認知療法の方がいいと思う。ただ，同じようにCBTをするのであっても，精神分析を学んでいて，例えば転移のことに目配せできたりすれば，よりきめ細やかにCBTを使うことができると思うんですね。

【下山】そうなると，精神分析と行動療法は，決して水と油ではなく，むしろそれが補い合うことで，より精密に，より有効に実践できるということですね。

【山崎】僕は，本当にそう思っています。だから行動療法の人も精神分析を学ぶべきだと思っていますし，精神分析の人も行動療法を学ぶべきだと思っています。

6．絶滅危惧種の精神分析の存在意義を問う

【下山】そう考えると，ちょっと意地悪な質問かもしれませんけど，山崎先生がご著書『精神分析の歩き方』（金剛出版）という本を，わざわざ執筆したのは，どのような理由からですか？

【山崎】2016年の心理臨床学会で「精神分析はこのままでは絶滅してしまう」という趣旨の自主シンポジウムを開催したんですが，その時は，「被害妄想だ。今でも精神分析は覇権を握っている」とフロアから言われたんです。僕は，全然そう思わなくて，精神分析は絶滅危惧種だと思っていました。そして今もその認識は変わりません。被害妄想なのかもしれないですけどね（笑）。だから，絶滅させないために，わざわざ「精神分析」の名を冠した本を書いたという経緯があります。

【下山】確かに精神分析などの心理力動学派の先生方の中には，自分達が置かれた状況を客観的に見ることができない方もおられますね。これは，精神分析に限られたことではないのですが，自分の学派を中心にしか物事を考えられない人がおられます。そういう人は，事例検討会で持論の解釈を延々と語り続けて，独演会のよ

うになることがあります。そういう方は，あまり現実が見えていないのではないかと心配になります。

【山崎】　僕は，そういう精神分析のイメージを変えるために，あの本を書いたということがあります。「解釈を延々と語る」というのは，精神分析の問題ではなく，その個人の問題だと思いますね。精神分析をオリエンテーションとしている人であっても，ちゃんと相手のことも考えられるし，空気も読める人もいる，ということを伝えたかった。

【下山】　なるほど，わかりました。ますます行動療法の神村先生との議論が楽しみです。

7．非合理性を守ることが自己を育てる

【下山】　では，次に私から質問があります。行動療法も認知療法も含めて CBT は，現実適応をとても大切にします。現実に適応するために「行動を変えましょう」，「考え方を変えましょう」となっている。コーピングとはそういうことですね。しかし，ただ適応を目指しているだけだと，自己が育たないということがある。場合によっては過剰適応を促進してしまう。

　　それに対して，精神分析では，山崎先生も著書で書かれているように"自分で考える"ことに意義を置いていますね。現実適応を重視するあまり CBT が置き去りにしている自己の問題を，精神分析は大切にしているのではないかと思いますが，どうでしょうか。

【山崎】　全く同感です。今の世の中は，ポリコレ（ポリティカル・コレクトネス）が重視されて，それは成熟した社会に向かうよい面もある一方で，常にコレクトでいられるわけではない人間のリアルもある。精神分析はそうしたコレクトかどうかのジャッジや価値基準を一度保留にして対話できる個人の安全性が担保されているのがいいところだと思うんですね。

　　それは，「非合理なことであっても言っていいんだ」ということ

です。ある意味で密室モデルですが，精神分析が大切にしていることがそこにあります。

【下山】それは，単に社会に適応するためでなく，社会で認められていない欲望や願望であっても持っていても良いということですね。それが，自己を育てることにつながるということですね。

【山崎】自己を育てるためには非合理な部分が守られていることが大事だと思います。適応を優先することは，非合理な部分を抑圧することにつながる。いくらコーピングできたとしても，抑圧モデルだと，結局それが変な形で出てしまうことがあるということです。ある種の心理職の人からしたら信じられないかもしれないですが，今の時代でも普通に転移性恋愛とかやっぱりあるわけですよ。

　心理職の側に，そういう非合理なものに対するレディネスがないといけないと思います。その点で，やはり今でも精神分析を学ぶ意義はあると思います。だから精神分析は，介入方法としてよりは，思想として必要だと思いますね。

8．公認心理師の時代における精神分析の位置付け

【下山】とはいえ，介入方法としての精神分析の意義はあると思うのですが。

【山崎】精神分析が役に立つのは，親密性のテーマにおいてですね。ただ，親密性を話題にした相談ができるのは，働くことのテーマが達成された人，つまり同一性の課題を通過できるくらいに，さまざまな意味でケアが供給されている人です。そうでない人，ケアが十分になされていない人が多いのがわが国の現状です。

　河合隼雄時代のような心理支援の仕事をできるフィールドがどんどんなくなっている。心理職の仕事がソーシャルワークのようになってきて，その結果精神分析が望ましいと判断される人はどんどん少なくなっていると思います。

【下山】公認心理師制度ができた今，心理支援はプライベート・プ

ラクティスからパブリック・サービスに変容しています。そして，心理職は猫も杓子も公認心理師制度に靡こうとしている。だから，どんどんソーシャルワークのようになるのは必然です。しかし，私は，個人的にそれで良いのかと強く疑問に思います。**公認心理師は，医療や行政のための制度ですからね。心理職の主体性や独自性とは何かを改めて考える時期が来ていると思います。**

【山崎】しかも，日本は没落していて経済的に貧しくなっている。だから，週4回以上の面接を課す精神分析は，実質的にほぼ不可能になっています。今は，週1回の精神分析的心理療法のセッションも難しいくらいです。医師であれば別ですが，心理職では精神分析だけでは生計を維持できない。そこには，かつて精神分析を担っていた医師と，現在精神分析を実践している心理職の職能の違いがあると思います。その点を認めた上で，精神分析については，問題理解の視点としての意義を大切にしたいと思っていますね。

【下山】つまり，問題を理解するのに際して，適応だけを目指す視点ではなく，非合理的なところを汲み取っていく視点も取り入れるために精神分析を学んでおいて損はないということですね。

9．価値観の問題へ，そして対話へ

【山崎】そうですね。**愚行権**というものがありますね。例えば，あるクライアントに実は暴走族に入ったんだと言われたとしましょう。条例違反，法律違反をしているかもしれません。他人に迷惑もかけていることでしょう。常識的に考えれば，それは愚かなことだし，大人として止めるべきことなのかもしれません。でも，そのクライアントが暴走族に入ったのには，私たちには考えもつかないような個別の理由があるかもしれないわけです。もちろん，脅されていやいや入って，抜け出せないのかもしれません。でも，そこではじめて一人の人として扱われて，それがうれしくて，積極的に入ったのかもしれません。こうしたことについては，治療者

が合理的に考えたことが正しいというわけではないと思うんです。それは，やっぱりユーザーが決めることだと思っているわけです。

　ユーザーには，CBT 的な価値観が良いという人ももちろんいるでしょうし，精神分析的な価値観や考え方が好きな人もいるでしょう。だから，多くの心理職が持っている理想だと思うのですが，心理職が相互にリファーできるシステムがあればよいと思います。でもそれは現実的には難しいので，システムの不備を補うために，すくなくとも個々人の心理職がいろいろな価値観を知っておかないといけないと思うのです。

【下山】なるほど，山崎先生のご意見よくわかりました。今日のインタビューでは "非合理性" がテーマでしたが，インタビューの内容は，とても合理性に富んだ話だったと思います。最後は，価値観がテーマになりました。率直なご意見をいただき，ありがとうございました。

　実は，私は精神分析と行動療法の対話について，そもそも同じ土俵に立てるのかが心配でした。異種格闘技的激論になり，場外乱闘も覚悟していました。しかし，今日の山崎先生のお話をお聞きして，意外と同じ土俵に立っているのかもしれないと気づきました。事例で起きていることには，非合理なことが満載ですね。だから，合理的なだけの事例検討会は面白くない。異種格闘技的議論，大歓迎ですね。

臨床心理マガジン iNEXT
2023 年 1 月 11 日公開
（特集：iNEXT 新装開店セール）
Clinical Psychology Magazine "iNEXT", No.34-3

第 11 章

公認心理師の時代だからこそ
対話が求められる！

糸井岳史　岡野憲一郎　下山晴彦

1．公認心理師・実習演習担当教育講習会に参加してみた

　今，公認心理師制度の定着に向けて大きな動きが起きているのをご存知でしょうか？

　令和 5 年度厚生労働省事業「公認心理師 実習演習担当教員及び実習指導者養成講習会」が始まったのです。これは，公認心理師養成カリキュラムを持っている大学・大学院の教員，そしてそれらの大学・大学院から学生の実習を引き受けている現場の公認心理師（指導者）にとっては，最重要トピックです。しかし，公認心理師教育に携わってない心理職には，情報が届いていないのではないかと思います。

　私（下山）は運良く抽選に当たり，講習会に参加する資格を得ました。実際に参加してみての個人的な感想は，「"国家資格の力"というのは凄い」というものです。これだけの大規模な，しかも各地域で長期間にわたる講習会を実施する"運営力"もさることながら，その進め方の"強引力"に感嘆しました。教育現場と臨床現場の心理職は，公認心理師カリキュラムを実践するために苦労しながら試行錯誤しています。ところが，講義の内容は，現場での実態や苦労とは関係なしに，公認心理師の法律と到達目標で決まっている事柄の実行を求めるものでした。

　これまで日本では心理職教育の統一モデルがなかっただけに，こ

のような全体方針を現場の教員や指導者に半ば強制的に課すことも
必要だろうと思う反面，このままだと現場の心理職の教育や活動が
壊されてしまうのではないかと危惧されました。あまりに盛りだく
さんの内容の詰め込みなのです。

2．公認心理師の時代だからこそ対話の大切さを想う

　講義の合間に，小集団に分かれての討議の時間が設定されていま
した。私が参加したグループでは，「本当にこのようなことができ
るのだろうか？」や「講師は，現場の実態がわかっているのだろう
か？」といった違和感を共有しました。また，「この内容を実行す
るためには，基本技能や修論の指導を削らなければできないが，それ
で本当に良いのだろうか？」といった危機感も語り合いました。

　私が最も危機感を覚えたのは，"お上"が決めたことを心理職が
受動的に実行するだけになり，現場での経験から利用者のニーズに
応えるサービスを創っていく主体性や専門性が失われていくことで
す。現場では，言われたことを実践しているだけでは済まない問題
が多く起こります。心理職同士で議論し，語り合う中でそのような
問題に適した理解の仕方や介入法を主体的に創り出していくことが
必要となります。その点で心理職の横のつながりと会話がとても重
要となります。

　法律や到達目標といった既存の枠組みに従うことを求める公認心
理師法の時代だからこそ，心理職の創造的な対話が強く求められて
いるのです。臨床心理 iNEXT では，まさにこのような心理職同士
の自由な意見交換と情報共有のための場として iCommunity[※1]を
提供しています。また，心理支援の最前線で活躍しているエキスパ
ートによる研修会も提供しています。そこでは，現場で起きている
問題の理解と介入法の最前線を学ぶとともに，講師との対話を通し

※1）オンライン・コミュニティ「iCommunity」の登録は，「臨床心理 iNEXT」
　　で検索か，あるいは，☞ https://cpnext.pro/lp/icommunity/

て心理サービスの発展を目指します。

　そこで臨床心理 iNEXT では，日本独自の問題として深刻な事態となっている「発達障害の過剰適応」をテーマとして，発達障害や知能検査のエキスパートである**糸井岳史先生**と，精神分析や解離性障害のエキスパートである**岡野憲一郎先生**の講義と，臨床心理学と認知行動療法を専門とする**下山晴彦**の事例発表を通して 3 名の対話の発展を目指す研修会を企画しました。以下に，研修会に向けて糸井先生と岡野先生にインタビューした内容を掲載します。

3．糸井岳史先生と岡野憲一郎先生との対話に向けて

【下山】以前，糸井岳史先生には，発達障害の過剰適応の研修会をしていただきました。今回は，精神分析学や解離性障害をご専門とする岡野憲一郎先生もお迎えして発達障害の過剰適応についての対話と議論を深める研修会を企画しました。

　岡野先生をお呼びすることになったのは，糸井先生から「**発達障害，特に ASD の 2 次障害を理解する上で岡野先生のご著作『恥と自己愛の精神分析』（岩崎学術出版社）がとても参考になる**」というお話があり，それならば岡野先生にもご参加をいただいて合同セッションの研修会を企画しようとなりました。そして，私が旧知の岡野先生にお声をおかけして企画実現の運びとなりました。

　読者の皆さまからするならば，「発達障害や知能検査を専門とする糸井先生と，精神分析や解離性障害を専門とする岡野先生の接点は何処？」と思われるのではないでしょうか。まずは，糸井先生から，岡野先生のご著書のどのような内容に興味を持たれたのかということからお話をいただけますでしょうか？

4．どうして発達障害の人たちは，こんなに傷ついているのか？

【糸井】自己紹介も含めてちょっとだけお話しさせていただきます。もともと私，最初は古典的な発達障害の専門家だったんです。知

糸井岳史
／いとい・たけし
（路地裏発達支援オフィス）

的障害とかカナー型の自閉症とか，重症心身障害とかそういうところからスタートしているんです。2000年を過ぎた頃から，いわゆる高機能型の発達障害の方々の臨床を始めるようになりました。特に大人の方々と精神科のクリニックでお会いするという経験をさせていただくようになったんです。

　その時に感じたのは，**「なんてたくさん傷ついてきた人なんだろう」**ということだったんですね。過剰適応に限らず，**鬱**を患っているであるとか，PTSDを併存しているであるとか，そういう患者さんたちを日々見ていく中で，**「どうしてこんなに発達障害の人たちって大人になる過程で傷ついてくるのだろうか」**ということを考えざるを得なかったというのがあるんですね。

　私は，最初は精神分析などの知識がないまま，そのような発達障害の人々の臨床を始めてしまっていました。よくわからないまま，そのような人々にお会いしていました。最初は，「トラウマがあるのかな」といった発想で問題を理解していました。それで，トラウマやPTSDの勉強をするようになった。その中で岡野先生の文献にも触れるようになっていったというわけです。そういう経緯です。

5．多くの人が自然に体験できていることができない傷つき

【糸井】最初は，もっと分かりやすく考えていました。いじめや虐待，あるいは非常に大きなトラウマみたいなものがあって，それで傷ついてきたと想定していたんですね。もちろんそういう方々もたくさんいらっしゃる。しかし，必ずしもそういう方ばかりではなかった。生育過程の中で特に親御さんからひどい不適切な養育を

受けたとかいうわけでもなく，かつ学校の中でいじめを受けた経
歴もないけれども，大人になるまでにいろんな傷つきをしてきた
っていう方々がいらっしゃるんだ，ということにだんだん気づい
ていったと思っています。

　そのような気づきの過程の中で，岡野先生のご著書の中から学
んだのは，これも誤解しているかもしれないんですけど，「陽性外
傷」と「陰性外傷」という概念でした。確か『外傷性精神障害』
(岩崎学術出版社)といったご著書の中で説明されていました。私
は，陰性外傷という言葉を見たときに，「これは発達障害の人たち
にとっても重要な概念じゃないかな」と感じたんですね。

　彼らは，生育歴の中で，多くの人が体験できていることが全然体
験できないというか，つまり普通に呼吸するように人と仲良くな
ったり，笑ったり，自然に話したりできているということができ
ない，そのような体験をもう幼少期からずっとしてきている。こ
の「傷つき」というのが，実は私がイメージしていた以上に大き
いのかなということを感じたりしました。

6．発達障害の人たちの恥感覚と，それを隠そうとする頑張り

【糸井】あと，もう一つ，岡野先生の古いご著書の中で学んだことの
　　　一つとして，「エディパルな恥」と「プレエディパルな恥」です。
　　　これは，「恥ずべき自己」の話の中にあったと思うんですね。エ
　　　ディパルな恥もプレエディパルな恥もどちらも発達障害の方々に関
　　　係あると思うんです。

　　　特に私が感じたのは，この「プレエディパルな恥」という概念
　　　がすごく発達障害の方々に当てはまるんじゃないかという印象を
　　　受けたんです。このくらい根源的な恥というか，自分の存在への
　　　心もとなさというか，そういうことがあるんじゃないかというこ
　　　とを岡野先生のご著書を通しながら，そのようなことを感じた次
　　　第なんですね。

　　　さらに大人になった発達障害の人たちの中には，もう一生懸命，

すごく頑張る人たちがいます。大人じゃなくてもそうですね。思春期とか青年期でもそのようにしゃにむに頑張る，燃え尽きるまで頑張ってしまう人たちが発達障害の一群の中にいる。「そのメカニズムはどうなっているんだろう」ということを考えてきたんですね。

7．発達障害の「根源的な傷つき」と「恥ずべき自己」から精神分析へ

【糸井】 もちろん，その一次的な発達特性の影響はすごく強くて，それらは無視できません。けれども，それに加えて，やはりもっとその「根源的な傷つき」というか，「恥ずべき自己」みたいなものがある。発達障害の人たちの頑張りは，それを何とか覆そうとする努力というか，そこと繋がってもいるかなと思うわけです。そういうことを，岡野先生のご著書を拝読しながら考えさせていただきました。そのようにして私の経験が岡野先生のお考えに繋がってきたということです。

【下山】 糸井先生，ありがとうございます。私が想像していた以上に，岡野先生のご著作を読み込んでおられたんですね。最初は，精神分析というと，内省できる人が対象という印象がありました。それで，発達障害と精神分析が結び付かなかったんです。

　しかし，お話を伺っていて，確かに発達障害こそが外傷的な心的体験をしていることを考えるならば，発達障害と精神分析は親和性がありますね。むしろ，根源的な心の傷というところで発達障害と精神分析は重なってきますね。さらに今のような観点から考えていくと，精神分析に新しい光が当たってくるような感じがして，ちょっとドキドキしました。糸井先生のお話を受けて岡野先生，いかがでしょうか。

8．対人恐怖の病理から発達障害のエピソードへ

【岡野】 糸井先生がおっしゃった本に書いてあるのは，私が42歳の

ときに考えたことです。ずいぶん前のことですね。そのとき，自分自身がモデルでした。「こんなに自己主張をしたい一方で，なぜこんなに恥ずかしいのだろう」，「なぜすぐ自己嫌悪に陥るのだろう」といったことを考えていました。

岡野憲一郎
／おかの・けんいちろう
（本郷の森診療所・
京都大学名誉教授）

　私は，別に深刻なトラウマを体験せずに普通に育ったけれども，やっぱり対人恐怖傾向がある。そのような人たちの特徴は，理想的な自分を持っていながらも，ダメな自分もある。その2つの自分があって，両方を行ったり来たりしている。つい高望みをしてかっこいいところを見せようとしてダメだったみたいなことを延々とやっている。「理想化された，優れた自分」と「現実の，ダメな自分」の差が大きければ大きいほど対人恐怖の病理がより大きいといったことを考えていたんです。

　それと最近になって発達障害のことに興味を持つようになっています。発達障害に関するいろいろなエピソードを聞いています。特に犯罪を犯した ASD の人たちは，犯罪に至る経緯の中で「バカにされた」というエピソードを語っています。レッサーパンダ事件のケースも「バカにされた」ということで殺人に及んでいます。他にも似たようなケースがあります。その女性が可愛いので声をかけたら，驚かれた，それで「バカにされた」と思ってカッとして刺したという事件ですね。

9．発達障害における傷つきと自己愛

【岡野】そこから，ASD の人たちはものすごく傷ついているのではないかと考えたわけです。そしてそこには自己愛的な傷つきがあるということになる。そこで，ASD の人たちが自己愛的な問題を

抱えているとなると，「それは何故なのだ」となったんです。そんな視点は特に持っていなかったわけですから。

　私が考えたのは，ASD の人たちの中で不幸な道をたどる人たちは，だいたいは人を恨んでいるということでした。お母さんとお父さんとのやりとりはごく普通だとしても，彼らは親が良かれと思ってやったことをなかなか受け取れない。優しさがわからない。やられたことは，全部自分にとってダメだったというように受け取ってしまう。だから，感謝できない。人からやられたことは，全部恨みとなる。親に対しても恨みを持つ。親があなたに何をしたかと尋ねると，「私のことを『ダメだ』としか言ってもらえなかった」となる。

　ASD の人は，他人からのメッセージで良い内容の方は受け取れない傾向にある。悪い方は，ガンガン感じ取ってしまう。それで世界に恨みを持った人たちになっていくのではないかと考えたわけです。彼らの心の中でも「恥ずべき自己」と「理想化された自己」の乖離が生じることになる。特に「恥ずべき自己」がクローズアップされるのは，彼らは良いものをもらってないと思っているからです。

10.　発達障害の情緒的関わりにおける悲しい特徴

【岡野】「良いものを感じない，悪いものばっかり受け取る」という，彼らの認知の歪みがある。情緒的な関わりの中でそのような認知の歪みを持っているところに，彼らの非常に悲しい特徴があるのではないかと思います。

　最近，その問題と絡んでくるものとして右脳問題というのがあります。お母さんは愛着の時に子どもの右脳を，お母さん自身の右脳を持ってトレーニングする。右脳は，言葉よりは情緒的な関わりを育む。ASD の子どもは，もともとそれを受け取れないのか，つまりお母さんの右脳と一緒に反応して自分の右脳を耕すことができないのかと思います。あるいは，それが陰性外傷のような形

で十分に愛着を持たせてくれなかったケースもあると思います。

　やっぱり ASD においては情緒的な関わりを発揮する右脳の機能が十分ではないということが，バイオロジカルなベースとしてあるのではないかと最近考えています。ですから，ある意味では糸井先生がおっしゃっていることと，とても重なっているのではないかと思いました。

11. 日本の文化との関連で発達障害の過剰適応を考える

【下山】ありがとうございます。糸井先生と岡野先生は，臨床活動のオリエンテーションも対象も異なっておられたと思います。それにもかかわらず，お二人の考えていることが重なってきています。そこから新しい発達障害の理解も出てくるのではないかと思ったりしています。

　それから，今回の研修会のテーマとしては，発達障害だけでなく，「過剰適応」という問題もあります。**過剰適応となると，「恥ずべき自己」という場合の「恥」も日本の文化と関わってきます。**

　したがって，発達障害の過剰適応を論じることで，日本の心理支援の現場で起きている問題群を浮き彫りにできたらと思っています。いずれにしろ，我々は日本の現場で心理支援をしているので，日本の社会や文化の特徴から逃れられません。その現実から出発し，そこに戻ってくるような問題理解を深めていきたいと思っております。

臨床心理マガジン iNEXT
2023 年 12 月 11 日公開
（特集：集まろう！皆んなの iCommunity）
Clinical Psychology Magazine "iNEXT", No.41-4

第5部

学派を超えた心理支援の豊かな実践

第 12 章

エクスポージャーと，家族との協働

宍倉久里江　野中舞子　下山晴彦

1．専門技能を習得する体系的学習のデザイン

　心理職として発展するためには，共通基盤となる基本技能をしっかりと身につけた上で，その基礎の上に専門技能を習得していくことになります。臨床心理 iNEXT では，心理職の技能学習を基礎から発展へと段階を追って体系的に学ぶことができることを基本デザインとします。

　今回は，心理職の基本技能に基づいて，その発展として専門技能を学習することをテーマとしました。

　具体的には，基本技能である協働技能に基づいて，専門技能であるエクスポージャーを学びます。エクスポージャー（より専門的にいうならば，曝露妨害反応法；ERP）は，強迫症（OCD）への介入技法として有効性が実証されている専門技能です。ただし，強迫症と言っても，「成人期の OCD」と「子ども（厳密には児童思春期）の OCD」では，問題の成立メカニズムが異なるので，今回は子ども OCD の介入技法の研修会を企画しました。

2．学派の発想を離れて専門技能を磨く

　以前は，○△学派の心理療法の方法を学び，どのような問題に対してもその方法を適用するとの発想が強くありました。問題の状況に応じて方法を修正して適用することが前提となっており，"学派

の原理 "を堅持することが重視されました。

　このような旧式な発想や前提と，我が国特有の集団主義が融合して学派でまとまり，学派間で対立する構造が出来上がりました。我が国の心理職ワールドの学会の乱立や職能団体の併存は，このような学派的集団主義が根強く残っている結果と言えるでしょう。

　しかし，このような旧式の学派的集団主義に囚われていると，心理職としての専門技能の発展は期待できません。

3．子ども OCD 改善のための曝露妨害反応法を学ぶ

　現代臨床心理学においては，どのような問題に対しても役立つ，万能の心理療法などないことは明白です。なぜならば，問題の種類ごとにそれぞれの成立メカニズムは異なるからです。さらに言えば，同じ種類の問題であっても，状況によって問題の維持要因は異なっています。

　したがって，それぞれの問題に適した介入技法を，問題状況に即して柔軟に適用していく能力が専門技能として求められます。そこで，今回は強迫症（OCD）に対して有効性が実証されている曝露妨害反応法（ERP）の技能を学ぶこととしたわけです。

　その際，「成人 OCD」と「子ども OCD」では維持要因を含めて成立メカニズムが異なるので，今回は子ども OCD に特化した ERP を専門技能として学ぶ研修会としました。専門技能の学習は，成人と子どもの違いも含めて具体的にどのような問題に対して，どのような介入技法が必要となるのかといった問題別の介入法を見ていく必要があります。

4．子ども OCD への対応は心理職の必須課題

　OCD には，平均 11 歳頃を発症ピークとする早発性の「子ども OCD」と平均 23 歳頃を発症ピークとする「成人 OCD」があります。子ども OCD では，ASD やチックなどの発達特性を含めた遺伝

性の影響があることが想定されます。また，家族への巻き込みが問題の維持要因となっています。ですので，家族と一緒に ERP を実施できる技能が必要となるのです。

　OCD は，子どもが問題として訴えることが少ないこともあり，見逃されてしまうことが多くあります。その結果，成績の低下や引きこもり等の 2 次的問題を引き起こし，長期にわって深刻な生活機能の低下を招く場合が少なからずあります。

　子どもの OCD の発症率は 3 ％ほどであり，障害レベルでなくても "こだわり" まで含めるならば，必ず 1 クラスに 1 人ぐらいの割合でいることになります。したがって，スクールカウンセラーなど，子どもの心理支援を専門とする心理職にとっては，エクスポージャーは必須技能となっています。

　そこで，今回は，『強迫性障害（OCD）に "No" を言おう──本人・家族向けのやさしい認知行動療法でハッピーライフを取り返す』（星和書店）の訳者の宍倉久里江先生を講師にお招きしての研修会を開催します。開催に先立って宍倉先生にインタビューした記事を下記に掲載します。インタビューでは，東京大学（当時）で子ども OCD も研究と臨床をしている野中舞子先生にも参加してもらいました。

5．子ども＆家族と一緒に OCD に "No" と言おう！

【下山】今回，御訳書『強迫性障害（OCD）に "No" を言おう』をテキストとして研修会をしていただきます。まず，先生が同書を翻訳した経緯を教えていただけますでしょうか。

【宍倉】この本に出合うきっかけは，東京大学の金生由紀子先生からのご紹介でした。サラッと読んだ時点で，ご本人とご家族に寄り添った非常に温かみがある内容だと思いました。原著者のジョン・マーチ先生の豊富な臨床経験が伝わってくる事例が記載されていました。OCD を抱えた子どもさん自身の声もご家族の声もたくさん登場しており，「これがまさに求めていた本だ」と直感しました。「こういう本があったらいいな」と思っていたものともぴ

ったりでしたので，「これは訳さなきゃ」と思いました。

【下山】ジョン・マーチ先生は専門職向けの本[1]をたくさん書かれています。それに対して，この本は，ご本人や家族も読むことを前提として書かれていますね。とても分かりやすく子ども OCD のことが説明されており，ユーザーフレンドリーな本だと思いました。

　私の第一印象は，強迫症に悩むお子さんとご家族が治療者と一緒に OCD に "No" を言うための本ということで，日本の状況にとても適した本だということでした。私の東大時代のチームは，当時北里大学病院におられた宍倉先生から子ども OCD の治療を学び，その後に「子ども OCD の認知行動療法プログラム」を実践してきました。その経験から，日本では，どうしてもご家族に理解とご協力が必要だと痛感しました。まさに本書は，家族と一緒に協働して OCD に "No" ということを目指す点で日本の状況にピッタリの本だと直感しました。

6．家族は問題解決に向けての力を持っている

【宍倉】本当にご家族がキーパーソンですね。ご家族とご本人がどのように強迫症状に向き合っていくかで，悪循環にもなれば逆に好循環にもなる。例えば，巻き込まれて病気の悪循環に結果的には関与してしまっていることがあります。しかし，ご家族が「悪い」ということではなくて，むしろそういうご家族は非常に力を秘めていると見ることができます。

　ご本人のために，家族の力で本人の状態をよくしたいという気持ちが強いから，だから一生懸命やっている。ただし，それが正しい知識や支援がないままだと，本人が強迫行為を頑張るのと同じように，家族もまた強迫的な関わりを頑張ってしまう。その結果，本人ぐるみで苦しい状態になってしまう。

---

[1]『認知行動療法による子どもの強迫性障害治療プログラム—— OCD をやっつけろ！』（岩崎学術出版社）

宍倉久里江
／ししくら・くりえ
（東洋英和女学院大学）

そこに新しい知識とか応援があれば，その家族は反転できて良い方向に向かう力となる。家族は，OCD の改善に向けて手伝いをする力を持っているし意欲も持っている。ご本人との関係も一時的には悪かったとしても，関係が悪い背景にはご本人も家族を頼っていたり，ある種の結びつきがこじれてしまっていたりする状況がある。

そこには，お互いを期待する気持ちがあり，見放しきれないわけです。希望を持っている中でこじれてしまっているとも言える。だからこそ，いい形になると，意外と早く二人三脚で問題解決に向かえたりするんですね。

7．巻き込まれている家族とどのように連携するか

【宍倉】治療の過程で，そのように家族関係をちょっと変えて，悪循環を反転させていくことがうまくいった時にはすごくやりがいを感じますね。ただ，通常の診察や面接では十分に時間が取れないので，今回の本はそういう場合のツールとして活用できます。この本の中に自分が伝えたいことが全部書いてあるので，短い診察の中では話せなかったとしても，それで補うことができます。

本書を媒介として治療者とご家族双方で治療のポイントを共有できるわけです。例えば「ここにも書いてある通りなので」と伝えることで，ご家族に診察の中では話しきれなかったとしても，そこを読んでおいてもらうという使い方もできる。

本当にご家族は子どもの問題解決の大事なカギを握っている。しかも，ご家族自身も本当にしんどい思いをしている。そういった意味でも，この本は誰も責めていない。本書を一読した時に，治療者も含めてみんなが少し楽になれるという，そういう視点で書かれていると思いましたね。

【下山】家族と協働して悪循環を反転させるということ，それが治療
　　の鍵ですね。そして，その点こそが心理職の最も苦労するところ
　　でもあると思います。

8．エクスポージャーを安易に使わない

【下山】最近は，「OCD ならばエクスポージャーが第一選択」といっ
　　た考え方が拡がっています。だから，心理職としては「OCD が
　　来たらエクスポージャーをすればいいんだ」と安易に思ってしま
　　う。
　　　ところが，実際にやってみるとなかなか続かなかったりする。
　　時には，安易に曝露することで，逆にショックを与えてしまった
　　りする。だからこそ，本人だけでなく，ご家族とも協働しながら，
　　悪循環を反転させていく努力がまず必要ですね。特に子どもの場
　　合には，それが必須となる。
　　　OCD に限らずに子どもの心理支援全般に関して，家族との協
　　働は最も重要な専門技能となる。その点で心理職が本書から学ぶ
　　ことは非常に大きいですね。中堅以上の心理職でも，もっと腕を
　　あげたい人はぜひ本書を読んでほしいですね。そこで，宍倉先生
　　から子どもの心理支援に関わっている心理職に伝えたいメッセー
　　ジをお願いします。
【宍倉】心理職のみなさんは，エクスポージャーも含めて熱心に技法
　　を学び，実践をしている方が多いと思います。個別の技法をマス
　　ターして，「こうすればきっといい方向にいくはず」と考えて頑張
　　って実践をしている。しかし，上手に行かないことも多いのでは
　　ないかと思います。それは，技法の実施以前のところに，もう少
　　しウエイトをおいてもよい場合があるのではないでしょうか。

9．基本的な態度と技能の重要性

【宍倉】ご本人だけでなくご家族とも共通理解を持ち，向き合う中で

エンパワーし合っていく，しかもそれをスモールステップで進めていくという，技法に取組む基盤づくりが役立ちます。それと技法の両輪で進めていくことが大切です。治療者が一方的に技法に力を入れても，あまりいい結果につながりません。

　そこは，心理職のみなさんに会得して実感していただきたい，本質的なことだと思います。その基本技能と，それぞれの専門技法の仕方がきちんと合わさっていて実践ができれば良いと思います。

　本書は，このような本質的な支援のあり方も含めて非常に臨床的な視点で書かれています。ですから，本書で解説されている手続きで練習をされると，曝露妨害反応法（ERP）をマスターするだけではなくって，その他の専門技法にチャレンジされるにしても大切な基本技能を学ぶこともできます。例えば，大事な「共通目標の設定」や「信頼関係づくり」です。

　お互いをコントロールしあうのではなくリスペクトしあって共に取り組むプロセスに価値を置いた視点で書かれています。どのようなスキルを学ぶにあたっても，基本の部分がやはり大事なのだということを意識していただけたらと思います。本書のプログラムを学ぶことで，そのような基本を大切にして実践する態度や手続きを学んでほしいと思います。そのように協働作業にもウエイトを置くことで，焦らないで，今，自分のやっていることにも信頼を寄せるといった体験ができると思います。

10.　OCD のアセスメントについて

【下山】子どもの OCD やこだわり行動に取り組んでいる野中舞子先生からご質問やご要望があればお願いします。

【野中】宍倉先生のお話をお聞きして，治療の基本的姿勢について丁寧なお話を伺ったと思いました。私としては，強迫症状のアセスメントについてとても難しいと思っています。強迫症状の場合，発達特性に基づく“こだわり”とも関連して悩んでいる人も多く，心理職は発達特性と強迫症状の鑑別や関係性理解を含めたアセス

メントに悩むことも多いかと思います。

【宍倉】 そうですね。発達特性にしても OCD にしても，「それ自体が悪いから直しましょう」ではないと思うんですよね。「本人がどうなりたいか」が重要であると思います。「強迫やこだわりのためにやりたいことができなくなっているなら見直しましょう」といった視点で考えていきたいですね。

野中舞子
／のなか・まいこ
（帝京大学）

　そのためには，本人にとって大事なものとか，日々の生活とか，大事な人との関係とか，そういうものを犠牲にして不本意に感じている気持ちに寄り添って，どうなったら本当はいいと思っているかなどを聞いていく。そういうことに注目することで，アプローチの手掛かりを見つけていく。そのような，"どうありたい"に注目することで，そのような望みを実現していくために OCD に目をむけたり，発達特性に目をむけたりしていくことが大切であると思います。

　「これがやれなくて悔しいんだね」，「頑張っているのにどんどん裏目に出て悩んでいるんだね」といったことで共感でき，気持ちに沿って一緒に進みながら診断とか検査とかアセスメントをしていく。一緒になぞ解きをしていく。そういうなぞ解きをしていくときも，本人と協働作業でやっていく。それが，何をおいても大切であると思っています。こっちが勝手にアセスメントをして，本人が「はぁ？」となって受け止められないようなアセスメントをするのではなく，本人が「あー，そうか！」となるようなアセスメントをしたいですね。

11. 協働の重要性

【下山】 なるほど。今回の研修会のテーマは，"協働"であることを

改めて強く思いました。エクスポージャーといった専門技能を習得するためには，クライアントと一緒に問題解決に取り組んでいく協働関係を形成する基本技能がその土台として必要となるということですね。

　それは，強迫を抱えているご本人との協働であり，ご家族，主治医，学校の先生などとの協働があってこそ，適切な介入や治療ができるということですね。特にクライアントに問題への直面化をしてもらう "エクスポージャー" であれば，特にそのことが重要となりますね。まさに今の時代において心理職に求められている基本的な態度や技能は，そこにあると思います。

【宍倉】心理支援，医療，教育といった，どのような現場であっても，困っている人に対して力になりたいっていう人が集まって，できることをしていく。それが本人を応援するチーム作りですね。本人の悪いところをみんなで批判するのではなくて，本人がやろうとしていることを応援するために，できることをしていく。それだけのことなので，こじれようがないと思います。「私が一人で何とかしなくては」と抱えこむのは，おこがましいと思います。本人が主役だから，「自分が一人で，3ヶ月で治さなければ」といったように，治療者一人の手柄や手落ちのような認識でゴールを設定したり目指したりするものではないですね。本書は，本人と家族向けに書かれているからこそ，医療でもなく教育でもない，そういう当たり前のことを省略せずにていねいに書かれている本です。それが，すごくいいかなと思います。

【下山】そのようなことも含めて，研修会でお話をいただければと思っています。とても楽しみにしています。ありがとうございました。

臨床心理マガジン iNEXT
2022 年 6 月 7 日公開
（特集：心理職の新しい形をデザインする）
Clinical Psychology Magazine "iNEXT", No.29-3

第 13 章

マリアージュ「認知行動療法×遊戯療法」

小倉加奈子　下山晴彦

1.「認知行動療法×遊戯療法」研修会について

　臨床心理 iNEXT では,「認知行動療法×遊戯療法」の理論と方法を学ぶ研修会を企画しました。講師は,認知行動療法と遊戯療法を発展的に融合し,子どもの心理支援の新しい地平を切り拓いている小倉加奈子先生にお願いしました。

　この「認知行動×遊戯療法」研修会は3回から構成されています。基本から応用についての講義,そしてワークショップと,認知行動療法と遊戯療法の組み合わせ方について段階的に学ぶことができるようになっています。第1回が,「現場で役立つ遊戯療法の基本——認知行動療法をベースとして」,第2回が,「遊戯療法を使いこなす——認知行動療法を活用して」,最後の第3回が,「遊戯療法を使いこなすためのワークショップ」となっています。

　この研修会に向けて,講師の小倉先生に認知行動療法と遊戯療法を活用した心理支援とはどのようなものか,そして研修会ではどのようなことを目標としてお話をされるのかを伺いました。

2.遊戯療法だけだと限界がある

【下山】今回は,認知行動療法と遊戯療法の組み合わせという,日本ではまだあまり知られていない子どもの心理支援の理論と方法の研修会をしていただきます。小倉先生がこの研修会を通して参加

者の皆さまにお伝えしたいことはどのようなことでしょうか。

【小倉】一番お伝えしたいのは，遊戯療法と子どものための認知行動療法はとても相性が良いということです。私は，両者を実践する中でそのことに気づき，実感してきました。なぜ相性が良いかというと，遊戯療法と認知行動療法を組み合わせることで，それぞれの限界を越えることができるからです。

　認知行動療法だけを子どもに実施しようとしても，子どもは自分自身で現実と向き合って"こんな風に変わっていきたい"という自我や主体性が育っていないので実施が難しいということがよくあります。問題を自分のこととして捉え，そこから「自分はこれが嫌だから，こういう風になりたいんだ」という自我や主体性と呼べるものが，まだ育ちきっていない，あるいは何らかの理由で発揮できない子どもたちとたくさん会ってきました。

　そのような場合，認知行動療法だけでは進むことが難しく，行き詰まることがありました。

3．認知行動療法と遊戯療法は，とても相性が良い！

【小倉】子どもが大人と違うのは，彼らは発達途中であるということです。大人ももちろん生涯を通して発達していくのですが，子どもたちの方が日々の経験を吸収し，大人よりもずっと多くの変化を見せます。発達する中で自我や，主体性や，それから自己表現というものが育っていきます。遊戯療法を使うことで，発達を促進し，自我や主体性や自己表現を育てることができます。ですから，遊戯療法で子どもの発達を下支えして自我や主体性を育て，その上で認知行動療法を活用して子どもと一緒に問題に取り組んでいくことができるようになります。

　子どもの認知行動療法をする際に遊戯療法が発達の下支えになることに気づいたことが，その後，私が認知行動療法と遊戯療法を組み合わせた子どもの支援法を発展させる重要な着眼点になりました。そのように整理してみると，遊戯療法と認知行動療法の

相性はとても良いわけです。

【下山】確かに認知行動療法は，本人の自我があることが前提になりますね。自己モニタリングをでき，内省できて自分の考え方を変え，行動を調整できるための主体性や自己コントロール能力が前提になっているわけです。しかし，子どもは，そのような機能は十分に育っていない。むしろ衝動的であり，自分の欲求のまま行動することのほうが子どもにとっては自然です。そのため，認知行動療法を子どもにそのまま適用するのは難しい。

　だからこそ，遊戯療法と組み合わせることで子どもに認知行動療法を適用できるようになるということは，なるほど理解できますね。認知行動療法にとって遊戯療法と組むことは，そのような利点がありますね。

4．認知行動療法と遊戯療法を組み合わせると何が良いか？

【下山】では，逆に遊戯療法にとって，認知行動療法と組む利点はどのようなことでしょうか。

【小倉】遊戯療法だけで，丁寧に関わることで変わっていく子どももいます。しかし，遊戯療法を 10 回，20 回，30 回とやってもなかなか日常生活での変化が見られないケースも少なからずあります。例えば，チックがあり学校に一人で行けないことを主訴とした事例がありました。お母さんが付き添い，登校していました。プレイルームの中では，その子らしくのびのびと遊べていた。私との信頼関係もできてきた。でも，やっぱり日常生活では，「学校一人で行こうね」とお母さんが言ってもできなかった。

　また，別のケースでは，本人の発達障害の特性が強くて，お友達との遊び方がわからなかった。それで手が出てしまったりした。遊戯療法を始めてみたものの，遊びの中だけでは日常生活での変化が見られなかった。親御さんも「これ遊んでいるだけですけど，意味があるんですかね」と，結構はっきりおっしゃいました。

　そのような時に認知行動療法では，日常生活における子どもの

アセスメントに基づき，実際にその子に何が起きているのかについてのケース・フォーミュレーションを作り，問題を見立てることができます。その見立てるプロセスの中において，遊戯療法でやるべきところと認知行動療法を使うべきところが見えてきます。子どもが遊戯療法を受けて元気になり日常生活での変化に向けてそろそろ取り組めそうだぞとなった時に認知行動療法を使うと，安心して変化に向けて動き出すことができます。

小倉加奈子
／おぐら・かなこ
（成仁病院
こころの発達支援室）

5．遊戯療法の成果を現実での変化につなぐ

【下山】なるほど。プレイルームは，守られた空間内で自分の好きなように遊び，体を動かすことができる点で，子どもにとっては非常に楽しい所ですよね。そのため，遊戯療法が進んで自分の思うままに遊べるようになればなるほど，現実に出ていくのが嫌になる可能性がある。プレイルーム内での遊びを通して自己実現できるほど，現実を回避することも生じてくるというわけですね。

　そこで認知行動療法と組み合わせることで遊戯療法の成果を現実につないでいくことができるという利点があるのですね。認知行動療法は，現実の中でどう動けるかをサポートする方法ですからね。そう考えると遊戯療法と認知行動療法の相性が良いことはとても納得できます。

　もう一つは，アセスメントとの関連ですね。遊戯療法には，遊びは子どもの発達を促すという前提がある。ただし，そこでは定型発達における遊びが想定されている。健康な発達の潜在能力が信じられている。しかし，発達障害の子どもの場合，その能力の限界がある。したがって，遊戯療法を実施する場合，発達障害の

アセスメントをしなければいけないですね。

　それは，遊戯療法をどのように適用するかと関わってきますね。さらには，遊戯療法の成果を現実の中で生かしてくためにはどのようにするかもアセスメントしなければいけない。そのようなアセスメントは，認知行動療法が得意とするところですね。**アセスメントをし，ケース・フォーミュレーションをして介入の方針を定めていくことができる点で認知行動療法は，遊戯療法の弱点を補うことができるわけですね。**

6．認知行動療法を活用して遊戯療法を構造化する

【小倉】私がケース・フォーミュレーションに基づいて認知行動療法と遊戯療法を組み合わせる時には，まずお話の時間を一緒に決めます。だいたい 15 分とか 20 分とか決めて，「お話が終わったら遊ぼうね」とします。そのように遊戯療法も構造化します。

　お話の時間では，認知行動療法をします。例えば，現実の中で怖いことなどにどう向き合っているのかを話します。その後にしっかり遊んで自分の気持ちを表現できる時間があることは，子どもにとっては安心になります。そのような構造で守られた中で日常生活や，不安などの自分自身の感情と向き合うことを子どもと一緒にします。

【下山】遊戯療法は，一定の時間と空間の枠があって，その枠で守られた中で実施する。そのような枠がある点では構造化されている。しかし，遊びそのものは構造化されていないことが多かったと思います。プレイルームという枠はあるが，その中では「自由に遊んでいいよ」という点で無構造です。

　それに対して認知行動療法では，現実と相談場面を区切る外枠は，あまり重視しない。むしろ，現実場面で一緒に行動課題を実施することも少なくない。その点で外枠の構造化はしない。しかし，逆に問題をどのように理解し，どのように介入するかのプロセスは，構造化されている。ケース・フォーミュレーションも，問題

理解を構造化するものと言えますね。

7．問題状況に即して遊戯療法を構造化する

【下山】このように構造化の種類が異なる遊戯療法と認知行動療法を組み合わせることで，問題や障害の状態に合わせて構造を調整し，安全で柔軟な対応が可能になりますね。両者の組み合わせには，そのような統合性があるという見方で良いでしょうか。

【小倉】あると思います。例えば，遊戯療法には最低限の制限があるので，その程度の構造度はあります。そのような比較的低い構造度でもよくなっていく子どもはいます。しかし，**発達障害がある子どもや感情調整が難しい子どもは，構造度が低い状態だと，遊戯療法の中で迷子になってしまう。**そのような時は，構造度を少しだけ上げることで動きが良くなる。本人も，それで変化を実感し，それが自信につながったりする。

【下山】それは非常に重要な視点ですね。**遊戯療法の持っている力を生かすためには，問題状況に合わせた構造化をしていく必要がある**ということですね。特に ASD の場合は，遊び自体ができなかったりする。むしろ自由にしていいよとなると怖くなってしまうこともある。そのような時，構造は彼らに安心感を与える。

　ADHD の場合は，多くの刺激があることで気が散ったり衝動が収まらなくなったりする。構造があることは，そのような彼らを守ることになる。そのような点で**遊戯療法と認知行動療法のマリアージュ**は，それぞれの幅を広げ，深みを持たせることになる。それぞれの限界を超えることにもなりますね。

8．世界における遊戯療法の発展と研修会の目標

【小倉】そうですね。やはり認知行動療法と遊戯療法の相性は良いと思います。現在，世界中で両者を組み合わせたプレイセラピーがかなり発展してきています。

　発達障害の子どもの構造化されたプレイセラピー，トラウマに
フォーカスを当てたプレイセラピー，虐待を受けた子どものため
のプレイセラピーもあります。対象となる子どもに即して構造度
を調整している遊戯療法があり，そこから適したものを選べたら
良いと思います。

【下山】それは楽しみですね。日本では，そのような発想で遊戯療
　法が論じられることは少なかったと思います。今回の研修会では，
　そのような遊戯療法と認知行動療法をどのように組み立てていく
　かをお話いただけるということですね。

　　そこで，今回の研修会の狙いを教えていただけますでしょうか。
　研修会は，第1回，第2回，そして第3回があります。それぞれ
　研修の目標が異なっていると聞いています。それぞれの研修の目
　標を教えていただけますでしょうか。

9.　第1回「認知行動療法をベースとする遊戯療法の基本を学ぶ」の目標

【小倉】第1回は，遊戯療法と認知行動療法を学び始めた人，あるい
　は実際にケースを持ち始めた人が対象です。遊戯療法の"力"は，
　その場が持っている非日常性にあります。最大限にその"力"を
　活用するためにいくつかの重要ポイントがあります。それは**アク
　スラインの有名な8原則**としてまとめられています。例えば，子
　どもの遊びについていくことや，子どもを受容すること，制限を
　設けることなどです。まず，そのような遊戯療法の特徴について
　動画を使いながら参加者の皆さまに間接的に体験していただきま
　す。

　　次に認知行動療法について学びます。遊戯療法は，認知行動療
　法と組み合わせることで子どもの支援法として，とても有効なも
　のになります。そこで，なぜ認知行動療法と組み合わせることで，
　遊戯療法単体よりも有効な場合があるのかを説明します。

【下山】大学院でケースを持ち始めた人は，最初は子どもの遊戯療法
　から担当ということが多いと思います。しかし，遊戯療法の理論

と技法をしっかりと教わっていることは，案外少ないのではないかと思います。「子どもと遊べば良いのだから，できるよね」といったノリで担当させられることもあるのではないでしょうか。そうであれば，遊戯療法の基本を，改めてここでしっかりと学ぶ意味はあると思います。

もう一つは，遊戯療法と認知行動療法を組み合わせる理論と方法を学ぶことの重要性です。このような組み合わせの学習は，初学者だけでなく，日本のほとんどの心理職は経験していません。経験者でも，ご自身で工夫して試行錯誤しているのだと思います。その点で初学者や初心者でなくても，遊戯療法のベテランの方も，ぜひご参加いただきたいと思います。

10. 第2回「認知行動療法を活用して遊戯療法を使いこなす」の目標

【下山】さて，第2回研修会は，「認知行動療法を活用して遊戯療法を使いこなす」ことがテーマになっています。第2回の狙いを教えてください。

【小倉】第2回は，参加者が「このような使い方ができる」というイメージがしっかり持てるようになっていただくことが目標となります。例えば，身近にいるクライアントさんや子どもに「認知行動×遊戯療法をこのように使える」と思っていただけることを目指します。

架空事例に基づいて，このような主訴，このような子どもにどのように関わると，どのような変化があるのかを説明していきます。実際のケースで用いているワークシートやツールを紹介し，その作り方や使い方をお伝えします。研修会での経験を，お土産として現場に持ち帰って使っていただけるようにしたいと考えています。

特に認知行動療法と遊戯療法の組み合わせについて馴染みがない人も多いと思います。ですので，第2回は，技法としての認知行動療法の強みはどのようなもので，それをどのように遊戯療法

と合体させ，どのように遊戯療法の"力"を引き出すのかを具体的に説明します。その時に重要となるのが，ケース・フォーミュレーションです。ですので，第2回では，認知行動療法と遊戯療法の組み合わせの核となるケース・フォーミュレーションの役割を中心にお話しをします。（次章に続く）

臨床心理マガジン iNEXT
2023 年 6 月 20 日公開
（特集：心理支援の新たな扉を開く）
Clinical Psychology Magazine "iNEXT", No.38-1

第 14 章

ケース・フォーミュレーションの活用

小倉加奈子　下山晴彦

1．「認知行動療法に基づく遊戯療法」研修会について

　臨床心理 iNEXT では，「認知行動療法×遊戯療法」研修会の実践編として認知行動療法と遊戯療法を組み合わせ，使いこなすためのワークショップを開催します。

　支援の現場では，遊戯療法だけ，あるいは認知行動療法だけではなかなか子どもの変化が見られないということがあります。そのような場合，認知行動療法と遊戯療法を組み合わせるアプローチは，事例を理解し，子ども本人や養育者と支援の方向性を共有し，そして現実場面の不安や目標に取り組んでいく時に大変役立ちます。

　私（下山）は，組み合わせる方がその子どもにとって良いだろうと判断したとき，認知行動療法と遊戯療法の時間をそれぞれにとって，その両方をプレイルームという場で行います。組み合わせるかどうかの判断には，認知行動療法の見立て方である，ケース・フォーミュレーションを活用しています。

　そこで，本ワークショップでは，子どもの事例において遊戯療法と認知行動療法のそれぞれの強みを活かす方法について，ワーク形式で学んでいきます。遊戯療法の事例をご経験されている心理職や大学院生を対象に，事例に役立つ認知行動療法のエッセンスとノウハウをお伝えします。以下において，講師の小倉加奈子先生に認知行動療法と遊戯療法を組み合わせるアプローチのエッセンスについてお聞きしたインタビューを掲載します。

2．ケース・フォーミュレーションは遊戯療法と認知行動療法をつなぐ土台

【小倉】認知行動療法との組み合わせで行う遊戯療法は，多くの方にとっては，まだ馴染みのない方法だと思います。しかし，実際にやってみると，遊戯療法の強みと認知行動療法の強みを活かすことができ，しかもそれらを合体させると難しいケースでも対応できるようになります。そのために重要となるのがケース・フォーミュレーションです。

【下山】遊戯療法と認知行動療法の組み合わせは，異質なものを合体させることで，新たな次元の有効な支援を提供できるようになるということですね。ケース・フォーミュレーションは，その組み合わせの土台になりますね。確かに，ケース・フォーミュレーションは，心理職と子ども，家族や教師などの関係者が問題理解を共有し，問題解決の活動を一緒に作っていくための地図になります。さらに子どもと，それを取り巻く環境にある資源をつなぎ合わせる設計図にもなりますね。

【小倉】その点で遊戯療法に認知行動療法のケース・フォーミュレーションを取り入れることで，子どもと心理職が一緒に問題を解決していく作業ができるようになります。例えば，ケース・フォーミュレーションがあることで遊戯療法での焦点も決まってきます。

3．ケース・フォーミュレーションで介入方針を決めて心理教育素材を見立てる

【下山】ケース・フォーミュレーションによって支援の方向が決まってくると，その方向を確かなものにするためにさまざまな心理教育素材を積極的に活用できるようになるかと思います。一緒に行動記録や思考記録などのワークシートを作り，楽しみながら問題解決を目指すこともできるわけですね。

【小倉】遊戯療法のプレイルームには使えるものがたくさんあります。ワークシートをその場で作りながらということも多いですね。

また，言葉以外のものを活用することで，子どもたちが理解しやすく，表現しやすくもなります。例えば，「こういうものがあるとするよね」と言いつつミニチュアを使ったりすることができます。また，「色であえて表現すると今の怖い気持ちは何色かな？」と尋ねて気持ちの表現を支援できたりもします。

プレイルームでは，そこにある玩具などの物を別のものに見立てることでいろいろな支援が可能です。ワークシートを自分たちで作らなくても，そこにあるもので見立てていくことができます。プレイルームにある物は，心理教育や支援のための素材として活用するためにすごく便利ですね。

【下山】その点で認知行動療法と遊戯療法を組み合わせるアプローチの実践では，プレイルームにあるものを活用していくための工夫も必要となりますね。

【小倉】当日は，架空事例を用いて，子どものための心理教育素材，支援ツールを考えてみるワークも行いたいと思っています。それぞれの子どもの興味や好み，強みに合わせて，どんな素材があれば理解されやすいか，楽しみながら取り組んでもらえるか，そういった点について小グループで考える時間になればと思います。

4．ケース・フォーミュレーションを作り，活用するワーク

【下山】その点とも関連して「遊戯療法×認知行動療法」を実践するためのワークショップは，どのようなことを目標として研修を進めていただけますでしょうか。オンラインでの研修ということで，難しい面もあるかと思いますが，どうでしょうか。

【小倉】そうですね。使いこなすためには，まずは自分自身で1回やってみることが必要ですね。ワークショップの参加者同士であれば，守られた枠の中で行うことができます。ワークショップでは，そのような実践の第一歩を経験していただくことを目指します。

現在考えているのは，「ケース・フォーミュレーションを作ってみる」ワーク，そして，「作成したケース・フォーミュレーション

を子どもや保護者と共有する」ワークも行いたいと思っています。子ども本人，そして保護者とケース・フォーミュレーションを共有し，問題解決に向けて協働する，つまり**コラボレーション**できることは，子どものケースでは重要となります。

　特に保護者への説明の仕方は工夫が必要です。**私は，遊戯療法が1回終わるごとにセッションのフィードバックをしているの**ですが，そうしたフィードバックは，1度ロールプレイとしてやっておくと，感覚を掴めるのではと思います。これは，架空の事例場面を使ってワークをしてみたいと思っています。オンラインのグループワークは，ブレイクアウトルームに分かれて少人数でできるので，楽しみながらじっくり取り組んで頂けるのではないかと思っています。

5．ケース・フォーミュレーションで遊戯療法の成果を現実につなぐワーク

【下山】遊戯療法は，プレイルームの中だけで終わるのではなく，プレイを通して得られた変化を現実の生活場面にどのように広げ，定着させていくかまでみていく必要がありますね。つまり，**遊戯療法の成果を現実場面の中の行動変化とか関係変化にどうつないでいくかがポイントとなると思います。**

　そこが，遊戯療法の実践において認知行動療法を活用するポイントだと思います。そのポイントに深く関わってくるのが，保護者ですね。どのように保護者に説明していくか，その際にケース・フォーミュレーションが重要になってきますね。それもワークとして考えておられますか。

【小倉】保護者への説明において，認知行動療法，特にケース・フォーミュレーションの活用の仕方はワークショップでぜひ学んでいただきたい課題ですね。

【下山】その部分は本当に認知行動療法と遊戯療法を組み合わせることのメリットですね。日本の，従来の遊戯療法では，どのように子どもの自己実現を引き出すのかに焦点を当てる傾向が強かった

と思います。しかし，遊戯療法における子どもの変化を保護者に
どのように説明するのか，さらには現実場面の中でどのようにつ
ないでいくかといった視点が弱かったように思います。認知行動
療法を加えることで，その弱点が補強されます。

6．遊戯療法における「退室渋り」の 2 つのタイプ

【小倉】そうですね。ただ，遊戯療法の成果を保護者にどのように伝
　えるかは，どちらかといえば応用編にあたります。今回のワーク
　ショップでは，そのような応用編だけでなく，認知行動療法と遊
　戯療法を組み合わせる場合の，基本的なやり方についてのワーク
　を充実させたいと思っています。

【下山】確かに，初心の心理職からは，「遊戯療法では子どもの退室渋
　りがあったりして時間の守り方が難しい」といった，基本的なこ
　とも学びたいという意見もありました。これは，遊戯療法の「枠」
　あるいは「構造」の作り方に関わることでしょうか。この点につ
　いては，どのように考えますか。

【小倉】それは，すごく重要な課題です。実際に遊戯療法を担当する
　と，必ず「退室渋り」と向き合うことになります。退室渋りは自
　然に起こるものでもあります。そのような「退室渋り」には，2
　つの大きな表れ方があります。

　　一つはそれまで全く退室渋りがなく，自分から帰る支度をし，き
　ちっと時間を守りすぎるぐらいの子が「うーん。もうちょっとや
　りたいなぁ」とか，何も言わずに時計を見ないフリをして遊び続
　けていたりする場合です。つまり，その子の中の枠が緩んできた
　時に，それを扱う場面です。もう一つは，最初から「枠」を守る
　ことがかなり難しい場合です。そもそも枠を守るのがすごく苦手
　な子どもで，プレイルームだけでなく，他の場面でもそれが課題
　になっている場合です。

7.「退室渋り」に対応することで子どもを受容する

【小倉】前者と後者では，関わり方が違います。前者の場合は，その子にとって自分の中できつい枠を決めていることで苦しくなっています。その子は，現実世界でもそれが苦しいと感じていると，心理職の側で見立てている時は，それがちょっと緩んできたことは，心理職としては内心大喜びです。

　ガッツポーズで，「ああよかったね」と思いながら，「時間になっちゃったねー。でもちょっとだけ，じゃああと 1 分かなー」などと言って対応します。「こちらはわかっているんだけど」というニュアンスを出しつつ，「しょうがないなぁ」みたいな言葉を伝えつつ，時間を延長する。それが重要だと思います。

　それは，その子を"受容"しているメッセージになります。受容していることを伝えることです。「私は，あなたの気持ちを受容しているけど，時間がねえ」というニュアンスを出しながら，ちょっと終わりの時間を伸ばすことは"あり"だと思います。

8.「退室渋り」に対処することで現実世界のルールを学ぶことを進める

【小倉】後者については，「子どものマイルール」と「社会のルール」の違いがテーマとなります。どうしても社会のルールに乗れない子どももいます。そのような子どもの場合は，もちろん子どもの状況や特性によりますが，最初からしっかりと時間の「枠」を伝えておく必要があります。その上で終了の 15 分ぐらい前から予告を始めます。

　「あと 15 分だね」と伝え，「今日は，残り何をしようか」，「まだ 15 分あるけど何をする」と，ゆっくりカウントダウンして心の準備をしてもらいます。それでも，はみ出すことも起きてきます。はみ出した時は，「時間になっちゃったね」と，時間を守ることが大切であると思っていることをしっかりと伝えます。

　そして，**スモールステップ**で，少しずつ時間を守ることを進め
ていきます。最初のうちは，「じゃあ，あと 1 分だよ」などと伝え
て対応します。それから，だんだんと回数を重ねて，それでも難
しいとなったら，「あと 10 数えるからね」と言って，セラピスト
がプレイルームの入り口で待っているといった対応にすることも
あります。そのようにしていると少しずつ時間を守れるようにな
ってきますので，そうしたら一緒に喜んで，「次もここで待ってい
るからね」と伝えます。

　それは，「時間を守れないのは，残念ながら受容できないんだ，
一緒にがんばっていこうね」ということを伝えることでもありま
す。**それは，子どもの存在は受容しているけれども，その行動は
受容できないということを伝えることです。**

9. ケース・フォーミュレーションに基づいて遊戯療法の「枠」 を設定する

【下山】感情の表現だけでなく，**現実世界のルールを学ぶことも遊戯
療法の重要なテーマ**ですね。現実との兼ね合いを一緒に共有して
いくわけですよね。

【小倉】そうですね。子どもには，それを伝えることが多いですね。
「お部屋から出るのはいやだよね」と。そして，「これをちょっと
一緒に頑張ってみようか」と伝えます。

【下山】なるほど。遊戯療法の「枠」をどうするかは，まさに介入と
も関わってくるのですね。しかも，そこには時間と空間の「枠」
があることになりますね。**プレイルームという「空間」に出て入
る「時間」という枠**ですね。しかも，その子にとって，そのよう
な「枠」を守ることがどのような意味があるのかを見立てる必要
がある。その"見立て"になるのが，ケース・フォーミュレーショ
ンですね。

　その子にとっての「枠」の意味を見立てるケース・フォーミュ
レーションがあって初めて，その介入の方針が決まってくるわけ
ですね。まさに現実場面とプレイルームの間をどのようにつなぐ

のかが，ここでもテーマになるわけですね。

【小倉】やはり現実のことを思い描きながら，退室渋りをしている子をじっと観察し，どう関わるのかを判断することになります。

10. ケース・フォーミュレーションによって子どもの暴力の意味を探る

【下山】遊戯療法の「枠」とも関連して，基本的な約束事として，「暴力的，破壊的な行為はしない」というルールも共有しますね。しかし，遊ぶ中で，子どもが激しい行動をしたくなることもあると思います。これには，どのように対応したら良いでしょうか。

【小倉】やはりこれもケース・フォーミュレーションに基づいて，どう対応するのかを決めることになります。私自身，手が出てしまう子どもに多く出会ってきました。思わず衝動的になる子もいますし，力の加減が難しくてちょっとくすぐりたいとか，ちょっと驚かしたいとかというときに力が強すぎてしまう子もいます。そのほかに，愛着が心配な子どももいます。執拗な嫌がらせとか暴力を繰り返す子どももいます。

　そのような場合は，機能分析を用いてその暴力が，何を刺激として生じる反応で，どのような機能を持っているのかのアセスメントをする。そのような暴力があるとき，私の反応を変えることで，その機能を見極めることもできます。愛着と関わっていると推測できる場合には，そこにある深い意味を探っていくことも必要となります。私に対して，どこまでやっても許してくれるのか，どうしたら許してくれるのかといったことを試しているということもあるからです。

11. ケース・フォーミュレーションによって子どもの「試し行為」に対処する

【小倉】「試し行為」として，セラピストの限界を見ている子は結構います。そのような場合は，愛着と絡んでいることがわかるので，「一緒に遊んでいて楽しいし，いつも来てくれてとっても嬉しいけ

ど，でも剣で刺されちゃうとちょっと痛くて悲しい気持ちになっちゃうなぁ」というようなことを表現します。

それは，「あなたの存在は大事に思っているけれど，その行動は受け入れられないんだ」と伝えることになります。そのような場合，遊ばないなどの対応をとり，その子の存在を否定している態度に出ると，愛着の傷が深くなってしまいます。

しかし，「試し行為」自体をどこまでやっても大丈夫なセラピストになるわけにもいきません。「ここまでが私の限界なんだよ」と伝える必要もあります。「あなたを大事に思っている気持ちはあるけど，これはよくないんだよね」ということをどのように伝えるのかは，日々とても頭を悩ませています。

【下山】とても具体的なお話を聞かせていただき，ありがとうございます。このような遊戯療法の基本となる「枠」の設定や「制限」の伝え方についてもワークショップでその方法を体験させていただけると良いかなと思いました。改めて，遊戯療法と認知行動療法を組み合わせることで，新しい地平が，新しい可能性が出てくることを実感できました。ワークショップをとても楽しみにしています。

臨床心理マガジン iNEXT
2023 年 7 月 6 日公開
（特集：心理支援の新たな扉を開く）
Clinical Psychology Magazine "iNEXT", No.38-2

第6部 心理支援の専門性の発展1

——————
第 15 章
——————

時代はブリーフセラピーを求めている

田中ひな子　下山晴彦

1．自我同一性が死語になりつつある現代社会

　我々は，情報が溢れるインターネットの網の目の中で生活しています。SNS は魅力的で刺激的な情報で我々を惹きつける。ゲームは射倖心や攻撃性を煽って現実からバーチャル世界に我々を引き込む。結果，我々は，情報の海の中で溺れないように自分を保つのが精一杯になっています。

　一昔前の昭和の時代には，「自我同一性の確立」が人々の主要テーマでした。「私とは何か？」を模索し，試行錯誤し，自我を確立し，進路を自己決定し，自分の人生をコントロールしていくことが発達課題となっていました。

　しかし，今は違います。残念ながら，「私とは何か？」といったことを考えている余裕がありません。内省し，自己を分析し，自己実現することが困難な時代になりつつあります。東京では電車の中で読書する人はほとんどいなくなりました。誰もがスマホを見て情報を追っています。自分を保つために走り続けなければならない時代になりました。

2．現代社会はブリーフセラピーを求めている

　自我同一性の確立のためには，ある程度固定した社会のシステムと役割が前提となります。固定した社会があったからこそ，その中

でどのような役割を選び取るのかが重要となっていました。自我同一性とは，自己の社会的役割を選び取り，それを確かなものとしてコントロールして維持することであったのです。

　しかし，現代社会は，その社会の固定性が失われ，極めて流動的となっています。流動社会では，溢れる情報の海に呑まれて自分を失わないことがまず必要となります。内省をしている余裕がありません。自己コントロールも難しい。そもそも確固たる"自我"を持つことが至難になっています。

　そのような時代における心理支援とはどのようなものでしょうか？

　ほとんどの心理職は，ゲームやネットへの依存が其処彼処に現れていることに気づいています。それは，問題の維持要因だけでなく，原因にもなっています。**そのような時代において内省や自己コントロールを前提とする，従来の心理療法モデルとは異なる心理支援が求められます。そこで必要となるのがブリーフセラピーです。**

　臨床心理 iNEXT は，原宿カウンセリングセンター所長としてブリーフセラピーを中心にさまざま心理支援活動を展開している田中ひな子先生を講師にお招きして「ブリーフセラピー入門──解決志向アプローチを中心に」と題する研修会を実施することとしました。今回は，「なぜブリーフセラピーが現代社会で求められるのか」を中心に田中先生にインタビューをしました。その記事を以下に掲載します。

3．ブリーフセラピーは"見立て"をしない？

【下山】今回は入門編となっていますが，どのような内容になるのでしょうか。

【田中】入門編ということになっていますが，単に初心者向きということではありません。より複雑な問題を抱えるクライアントや面接しづらいクライアントに会う時には，特殊で高度なテクニックを使うのではありません。**より基礎的なところですね，どれだけ**

丁寧にその方に合わせて話をするのか
が重要となります。つまりソリューシ
ョン（解決志向ブリーフセラピー）の,
面接者としての心得が大切になります。

　だから,　むしろ上級編の方が本当に
基礎的なところが重要となります。い
かにクライアントさんの言葉や価値観
に合わせて話をしていくのかが試され
ます。ということは,　実は上級編はな
いということになってしまいます。

田中ひな子
／たなか・ひなこ
（原宿カウンセリング
センター）

【下山】　そのこととも関連して私は,　ブリ
　　ーフセラピーにとても衝撃を受けたこ
とがありました。昨年から今年の初めにかけて臨床心理 iNEXT と
遠見書房の共催で,　ケース・フォーミュレーションをテーマとし
た「大事例検討会」を実施しました[1]。そこで,　田中先生に,　ブ
リーフセラピーの事例発表をしていただいた。その際,「ブリーフ
セラピーではケース・フォーミュレーションは明確に実施するこ
とはしない」という趣旨のことをおっしゃっていました。

　　そこで,「ブリーフセラピーは,　見立てをどうしているのだろう
か」ということが,　私の大きな疑問となりました。さらに,「ブリ
ーフセラピーは,　内省をどのように位置付けていくのか」も疑問
となりました。多くの心理療法では,　クライアントの内省を前提
としています。そして,　クライアントに「自分の何が問題なのか」
を考えてもらう。カウンセリングも精神分析も,　認知行動療法も
それが前提です。ケース・フォーミュレーションは,　その「問題
は何なのか」ということを確認することです。

　　ところが,　ブリーフセラピーは,「問題を見つけ,　確認し,　そこ

※1）この「大事例検討会」の記録を,『事例検討会で学ぶケース・フォーミュ
　　レーション――新たな心理支援の発展に向けて』（遠見書房）として刊行した。

を変えていく」という構造ではないということです。では，ブリーフセラピーでは「問題を解決するために何をしているのか」を知りたくなったわけです。

4.「問題が解決できればいい」というニーズにどう応えるか？

【田中】大事例検討会では自分なりのケース・フォーミュレーションを一生懸命話そうと思っていたんです。しかし，残念ながら皆さまからはケース・フォーミュレーションとしては却下されてしまって……（笑）。

　　解決志向ブリーフセラピーでは，問題を明確にすることによってその原因を明らかにし，それを除去するということはしません。そのようにして問題の原因を除去するためのプランを立てるということがケース・フォーミュレーションということであれば，ブリーフセラピーはケース・フォーミュレーションを行っていないですね。

　　ただ，なんといいましょうか，クライアントからお話を聞いて私が何か関わりをするときに，まあ私の中で何かは考えております。その"何か"を考えている部分をケース・フォーミュレーションと呼んだらダメなのかなと思ったんです。けれども，ダメだということになってしまって……（笑）。

【下山】いや，その考えている"何か"を知りたいのです。私は，ブリーフセラピーはすごく役立つと思っています。私自身，今アバターを介しての相談を試験的に実施しています。アバターでの相談は，お互いの顔が隠れているので，逆にクライアントさんは自分を隠す必要がないのです。生活しているままの自分を語り，問題の解決を求めます。内省して自己分析をしたり，自分の過去を見直したりすることはしません。ただ単に，困っている問題を解決するために自分はどうしたら良いかを求めてきます。

　　そうすると，「あなたの問題を詳しく調べて確認させてください」といった作業をしようとすると，「そんなことしたいわけでは

ない。問題を解決するにはどうしたらよいか教えてくれさえすれ
ばよいのだ」となる。そうなると，いわゆる古典的な心理療法と
かカウンセリングにはそぐわないわけです。

5．内省による自己理解よりも問題解決を求める

【下山】そのような相談は，本来の心理支援にはそぐわないとして切
り捨てることもできるでしょう。でも，現代の情報社会では，「目
の前の問題を解決すればよい」という人が確実に増えて来ていま
す。だから，「『問題の成り立ち』をはっきりさせなければ，問題
の解決のお手伝いはできません」と断るわけにはいかない。この
ような事態に対して認知行動療法は「動機付け面接」を活用して
対処しようとしていますが，それも限界があるように思います。

　内省が難しいのは，統合失調症や発達障害に特有ではなく，現
代的なあり方でもあると思います。内省を求められても，「日々言
われたことをこなしているだけで精一杯」，「内省する以前にそも
そも自分に自信がない」「反省していたら世の中の流れについてい
けない」といった理由で内省が難しくなっています。

　ブリーフセラピーは，内省の難しい現代社会にフィットすると
思います。だからこそ，私も含めて多くの心理職は，ブリーセラ
ピー，特に解決志向アプローチを学ぶ必要があると感じています。
私は，これまでカウンセリングや精神分析，そして認知行動療法
を学んできました。そのような私を含めて多くの心理職は，自分
が学んできた知識や技法を一度脇に置いて，ブリーフセラピーを
学ぶ意味はあると思っています。

　現代という時代の中で，"内省"が重荷になるケースが多くな
っています。そのようなケースに対する時，多くの心理職は「こ
れが心理療法だ！」と信じているやり方を一旦捨てることが必要
となるかと思います。

6．ブリーフセラピーの世界観とは何か？

【下山】では，従来の「心理療法」とは異なるブリーフセラピーの根本的なあり方とは何でしょうか。そこがわからないままにテクニックだけを学んだとしても，ブリーフセラピーはできないと思うのです。結局，過去に習得してきた「クライアントに内省をしてもらう」，「問題を確認しなければ」という，心理療法の古典的原理が頭の構造に残っていては，ブリーフセラピーができないと思うのです。

　ブリーフセラピーの魅力は，"柔軟性"のように思います。それがあるから，内省が困難な"難しい"事例に有効に対応できるのだと思います。その有効性を可能にするための原理とは何かを知りたいのです。

【田中】いやあ，その通りです。といいますのは，その"内省"ということは，デカルトに端を発するような近代科学の考え方ですね。「我思うゆえに我あり」という近代科学の考え方を超えようとする考え方として，ポスト・モダンの哲学があります。ブリーフセラピーは，そのポスト・モダンの哲学を原理としています。世界観が違うのです。

【下山】認知行動療法は，まさにそのデカルトの「我思うゆえに我あり」の，「我」が前提になっていると思います。近代的な"自我"ですね。

【田中】そうなんです。ですから，もう前提が違うのです。ポスト・モダンという言葉も言い古された感がありますが，近代科学批判として現象学的心理学などを学んできたので，私にとっては，そのポスト・モダンの考え方がフィットしています。そういう意味では正統派の心理学の教育を受けてきた下山先生からしたら獣道や野良といったあり方かと思いますが……（笑）。

　私が最初に関心を持ったのが摂食障害で修士論文のテーマでした。摂食障害にはいろんな理論があって百花繚乱ですね。「これが

原因だ」みたいな理論がいっぱいあって，それぞれそれなりに効果があるから本も出ているわけです。だから，絶対的な原因って特定できない。私は，そこから出発しています。だからあんまり原因って考えない。「ああ，そうか。まだ摂食障害の真の原因っていうのはわかってないんだな」と普通は考えると思う。でも，私はそう思わなくて，「あっ，原因って関係ないんだ」と，そっちの結論を出してしまった。

7．認知行動療法は近代社会の方便として必要

【下山】私にとっては，田中先生のその自由さが羨ましいところです。一応私は心理学を学んできて，臨床心理学を社会的に定着させたいと思っています。でも，それは，近代社会における専門的学問として臨床心理学を形の上で定着させることです。その一方で，心理支援をメンタルケアの現場に真の意味で根付かせるためには，その近代社会の形とは異質なものが必要と思っています。

　現在の日本の社会は，形の上ではデカルト的自我を前提とした近代社会です。ですので，近代的な形は必要と思っています。しかし，日本の現場で起きていることは，それとは違う。心理支援が現場に根付くためには，"デカルト的自我"や"原因−結果という考え方"を捨てなければいけないと思います。

【田中】いいんですか!?　そんなこと言っちゃって……（笑）。

【下山】日本の社会の中身は無碍なるものだと思います。よくわからない，変な"つながり"の中で，混沌とした中で蠢いている。だからこそ形としての臨床心理学を造らなければいけないというのが私の考えです。一応日本も近代社会ですよね，表向きは。だから，心理職が日本の"近代社会"に位置づくためには，正式な形としての臨床心理学が必要であると思っています。認知行動療法は，形として分かりやすい方法なので，その点で近代社会では必要であると考えています。

　日本社会では，医療が形としてガチッとあって人々を管理して

います。日本のメンタルケアの中身を良くしていくためには，その管理を外して社会の根底にある無碍なる混沌の部分と関わっていかなければいけない。まずそのために，**医療の管理に替わるものとして，医学とは異なる学問体系が形として必要だと思います。それが，形としての臨床心理学です。**

【田中】そうですね，それはよくわかります。

【下山】近代社会の管理を変えていくためには，それと結びつく権威を壊して，それに替わる新しい形を出していかなければいけないと思います。その点で**認知行動療法は大切になります。**効果研究という形の上でのことですが，有効性を示すエビデンスがあります。旧いものに替わって新しいものを出していくためには，戦略が必要です。近代を乗り越えるためには近代の論理を一応使っていかないと相手にされない。近代社会では，医療や行政の人たちに影響を与えるためにはエビデンスが必要であると思います。

8．ブリーフセラピーは問題の原因を除去しようとしない

【下山】でも，本当の社会的パワーというのは，それとは異なっていると思います。私は，それは混沌の中のつながりをどう動かすかと関わっていると考えます。現場の力とどう手を握るかだと思います。私にとって，それは直感的には感じることです。そういう意味で私には，ブリーフセラピーに個人的に近しいものを感じています。

　　田中先生に，ブリーフセラピーの研修会をお願いしたのは，私の，そのようなブリーフセラピーへの“無意識”の親近感がありました。ところで，研修会では，**ブリーフセラピーの原理の部分にも言及して講義をしていただけるのでしょうか。**

【田中】研修会はブリーフセラピー入門となっています。**基本的に入門の時には，前提となる哲学や世界観をかなりお話しします。**その後で技法をお話しします。前提となる世界観は，ぜひお話ししたいと思います。

【下山】そのブリーセラピーの原理や世界観を，今ちょっと教えてい
　　ただくことはできますか。

【田中】まずは「原因を除去して解決を図るという思考法ではない」と
　　いうことです。そうではなくて，何にでも例外があるので，できて
　　いる部分を探して，それを積み重ねていく。solution を building
　　していくということですね。それが原理の一つです。

　　　もう一つは，社会構成主義的な世界観です。私たちの仕事は，
　　「会話をしている」としか言いようがないですよね。ですので，会
　　話の持つ意義，会話をすることによって現実を作っていくのだと
　　いうこと，そして同時に「私」という現象が構築されていくのだ
　　という社会構成主義的な世界観をお話しします。カウンセリング
　　として高い料金をいただいているので，まあ私たちが何をやって
　　いるのかを説明しないといけないと思います。

　　　あとは「変化とは何か」ということもお話しします。心理学は
　　"傾向"といった，変化しづらい部分を抽出して類型化していき
　　ますね。ところが，臨床家は変化を引き起こすのが仕事です。で
　　すから，そのクライアントの中の変化しやすい部分に目を付けて
　　いく。だから，学部で習う心理学と目の付け所が違います。それ
　　で，「変化とは何か」というお話をします。

9．多様化した社会の中で心理支援は何を目指すか？

【田中】それは，社会の変化ということにも関わってきます。社会が
　　多様化しているので，「何が正しくて何が健康なのか」を専門家が
　　定義できない時代に入っているという前提がありますね。

【下山】まさにその通りだと思います。この情報社会では，どこに着
　　目するかによって全然違うものが見えてくる。社会は，ますます
　　相対的になっていますね。

【田中】それがポスト・モダンですね。近代社会では，「大きな物語」
　　があって，「これがいい」，「これがダメ」とわかりやすかった。今
　　はそういうものがなくて，コミュニティごとに，身近な関係の中

で現実を作って答えを出す，そういう社会になっていると思います。それがポスト・モダンですね。ここも私が摂食障害から入ったことと関係しています。「摂食障害における回復とは何か」については，これまでさまざまな考え方がありました。1970 年代の書籍には「女性性の病だから，結婚して出産して初めて回復したことになる」とか書いてあった。「何言ってんの！」と，私は思ったのです。「そのようなステレオタイプな『女性らしさ』を『正常』として強いる考え方が摂食障害を生んでいるのだ！」と憤ったわけです。つまり，何が正しくて何が回復なのかということを誰が定義するのかということですね。ここも社会が変わってきているということです。

【下山】それについては，極端なことを言えば，精神医学も，心理学だって問題を作ってきた側でもあるわけですよね。

【田中】そうですよね。心理学には，そうやって社会の問題を隠蔽してきたという，適応の学としての側面はありますね。

【下山】そうですよね。ある意味で認知行動療法は「いかにこの世の中の基準に適応する考え方をし，行動をとるか」を目指している面もあるわけですから。

10.　デカルト的世界観を超える

【田中】それは，自己責任論につながりやすいですね。摂食障害に陥りやすい考え方ってそうなのです。「自分の体型を律することもできない人間は，この社会においてダメ人間だ」みたいな考え方です。「身体は精神がコントロールするものである」という，まさにデカルト的世界観ですね。

【下山】なるほどです。そのように考えると，ブリーフセラピーを実践することは，既存のものを捨てる，あるいはこれまでとはちょっと違う世界にいくという面がありますね。

【田中】そうなんです。ちょっと違う世界に行かないといけないんです。最初から何も持っていない人からしたら「そりゃそうだ」と

いうくらいかと思います。でも，下山先生のようにいろいろな知識や業績のある方は，なかなかこっちに飛び込みにくいというところもあるかもしれません。

【下山】私に関しては，先生が思っているような真っ当な人間ではないです……（笑）。一昨日用事があって実家に帰郷しました。そこは，山奥の「ぽつんと一軒家」といった所です。今でも携帯の電波が届きません。中学の時は懐中電灯を持って学校に通いました。バス停を降りて真っ暗な山道を歩いて帰るので，月が出ていないと何も見えないのです。そのため，高校から下宿しました。今は東京に住んでいます。そんな私ですので，都会の明るさは人工的で不自然に感じます。私には，世の中は相対的だという実感が根本になります。

　ですので，特に「心理療法とはこういうものでなければならない」という考えはありません。その時々でカウンセリング，精神分析，認知行動療法も学び，実践してきましたが，それはその時に役立つと思ったからです。認知行動療法が役立つと考えるのは，今の日本が，デカルトを一つの源流とする近代社会であろうとしているからです。その日本の社会の中に心理職が専門職として位置づくためには，近代社会のルールに従うことが方略として必要だからです。主観が客観をコントロールする近代社会のルールに最も適しているのが認知行動療法ですからね。

11.　ブリーフセラピーは理屈ではない

【下山】私自身は，あまり人が来ないような山間部の出身なので都会への憧れがありました。自分自身が東京という近代都市に定着するためにも，また自分の専門である臨床心理学の専門性を社会に位置づけるためにも近代的な認知行動療法が方略として必要でした。

　しかし，その一方で近代社会とは程遠い田舎で生まれ育った私には，近代社会という仕組みは，人工的で表面的なものだという

実感があります。私自身の経験から人間が生きている生活世界の根底には混沌があると思います。既存の世界とは違う世界に行くことは，私にとっては，むしろ自然ということはあります。

　ですので，ブリーフセラピーも本質は，単純に「簡潔に解決を目指せば良い」ということではなく，固定された価値観に対して，それを相対的に捉えて違う世界に行くという世界観にあるということはとても関心があります。

【田中】理屈を言えば，そういう世界観が関わってきます。しかし，全然理屈がなくてもブリーフセラピーは学べます。シンプルにいうと，「人は一人ひとり違います」，「クライアントは（自分の生活や人生の）専門家なのです」と，もうこの 2 行でいいのです。その 2 つさえわかっていればもうブリーフセラピーができるのです。

臨床心理マガジン iNEXT
2022 年 9 月 5 日公開
（特集：秋の感謝祭☆研修会）
Clinical Psychology Magazine "iNEXT", No.31-3

第 16 章

レジリエンスを引き出す心理支援

平野真理　下山晴彦

1. レジリエンスは心理支援のキーワード

　レジリエンス（resilience）は，逆境を乗り越え，回復する力として定義されています。「脆弱性（vulnerability）」とは反対の概念とされ，「回復力」や「復元力」と呼ばれたりします。東日本大震災のような災害からの回復との関連で注目されました。しかし，レジリエンスは，そのような災害や事故，事件などの危機事態からの回復だけでなく，日常場面の困難からの回復に関しても広く活用できる概念となっています。

　臨床心理学の観点からはレジリエンスは，困難な状況を乗り越え，そこから回復するという点で心理支援と深く関連する概念です。特に心理支援においては，ライフサイクルのさまざまなステージにおける課題，例えば人間関係，家族関係，職場関係などの困難な事態を乗り越える際に役立つ能力としても注目されています。

　精神障害などの困難状況からの回復支援においては，その人の持つレジリエンス能力に働きかけることの意味が重視されるようになっています。従来の「病気を治療する」という発想から，その人に備わっている回復力を引き出す，あるいは育成するといったことが，障害という逆境を柔軟に乗り越えていくのに役立つことが注目されています。

2．レジリエンスを学ぶ注目新刊書「著者」研修会

そこで，臨床心理 iNEXT では，レジリエンスの研究と実践に取り組まれている**平野真理先生**をお招きして注目新刊本「著者」研修会として，「レジリエンスの理論とワークを学ぶ」研修会を開催することとしました。平野先生は，臨床心理学の観点からレジリエンス研究をまとめた『**レジリエンスは身につけられるか――個人差に応じた心のサポートのために**』（東京大学出版会）を出版されています。

そして，注目新刊書として『**自分らしいレジリエンスに気づくワーク――潜在的な回復力を引き出す心理学のアプローチ**』（金子書房）を出版されました。今回はこちらの書籍を参考書として研修会を企画しました。以下に平野先生からのメッセージを記載し，その後に平野先生のインタビュー記事を掲載します。

【平野先生からのメッセージ】

レジリエンスは，逆境やつらさ，落ち込みからの立ち直りを支える回復力のことであり，近年では非認知能力のひとつとしても注目されています。**本研修会ではレジリエンス概念について最新の研究動向を踏まえて解説した上で，レジリエンスを発揮するためのヒントを提供するワークを紹介します。**ワークでは，個人のレジリエンスを望ましい方向に高めるよりも，その人が持っている潜在的なレジリエンスへの気づきを促し，自分を大切にできる方向を重視します。

3．心理支援におけるレジリエンスとは何か

【下山】近年，回復力として注目されているレジリエンスですが，さまざまな意味があるようです。平野先生の考えているレジリエンスとはどのようなものか教えていただけますか。

【平野】レジリエンスは，このところ教育業界で非認知能力が取り上

げられることが増えたことにあわせて
注目されています。教育現場では，レ
ジリエンスは「逆境や辛い出来事に負
けず，すぐに回復できる力」という意
味で認識されているようです。そして，
レジリエンスを高め，心を強くするに
はどう教育したらよいかと言ったこと
が模索されています。そこには，「子ど
もたちにタフに生きて欲しい」，「何か
辛いことがあっても，明るく前を向い
て欲しい」という大人の願いが込めら
れているように思います。

平野真理
／ひらの・まり
（お茶の水女子大学）

　しかし，心理支援の現場でレジリエンスを考えるときには，そ
のような"タフさ"や"ポジティブさ"とは異なる理解が必要で
あると思っています。レジリエンスは，ポジティブ心理学の一つ
としても位置付けられています。しかし，私としては"レジリエ
ンス"と"ポジティブ"という言葉の組合せはあまりしっくりき
ません。

　臨床現場でお会いする方々のレジリエンスは，もっとローな回
復，つまりゆっくりとじわじわと，一見回復しているように見え
ないけれど，でも確かに前に進んでいくというような感じがしま
す。ポジティブ心理学の中のレジリエンスは，前向きで力強いも
のとして説明されます。それに対して臨床心理でのレジリエンス
は，もう少しどんよりとしたものなのではないかと思います。

　同じ光であっても，蛍光灯のようなパッとした明るさではなく
て，暗闇の中にわずかにチカチカとこうライトが灯っている感じ
ですね。暗闇の中の，微かな光を探すようなものを意味すると思
っています。

4．レジリエンスを学ぶ研修会の進め方

【平野】　8月の研修会では，そのようなレジリエンスの意味をご説明
し，まず「レジリエンスとはどのような力なのか」のイメージを
共有したいと思っています。その上で，個々人が自分のもつレジ
リエンスに気づき，高めるためのワークをご紹介したいと思いま
す。
　　レジリエンスを高めることに関して，この手順でやっていけば
心が強くなるという理論を求めがちです。しかし，苦しみからど
のように回復するかの道筋は，本当に人それぞれで，使える資源
も人によって違います。志向性も感じ方も一人ひとり違うので，
その人がどのように回復していきたいと思っているのかを含めて，
個別に考えていかなければならないですね。
　　最初に，その人が回復や立ち直りをどう捉えているのかのイメ
ージを共有し，共感していくことが心理支援において求められる
と思います。ワークもそのようなイメージの共有から始めたいと
思います。
【下山】研修会ではまず心理支援におけるレジリエンスの意味を説明
いただけるのですね。日本におけるレジリエンスは，東日本大震
災の時にどのように立ち直るのかという局面で注目され始めたと
思います。最初は心理的なものではなく，むしろ環境的や物理的
な意味で語られることも多かったと思います。そこから，心理的
観点や教育的観点からレジリエンスが注目されるようになってき
たように思います。そのようなレジリエンスの普及過程について
も簡単にお話しいただければと思っています。

5．非認知能力としてのレジリエンスの限界

【下山】ところで，先ほど言及された教育業界における非認知能力と
してのレジリエンスということについて，もう少し説明いただけ

ますでしょうか。

【平野】非認知能力としてのレジリエンスは，個人の中に存在する，能力あるいはパーソナリティ特性といった意味が強くなります。つまり，個人の中にある力として捉えるのが非認知能力の文脈でのレジリエンスだと思います。

　　でも，実際のレジリエンスのプロセスは，環境とのマッチや時間的なタイミングといった状況のなかで，個人と環境とが相互作用しながら進んでいくものです。その点で心理支援におけるレジリエンスは，個人の中にあるものではなく，個人と環境の間に存在するといえます。

　　ところが，非認知能力の文脈で語られるレジリエンスは，能力として高いか低いか，という視点になりやすいということがあります。確かに回復しやすい体質のようなものはあるかもしれませんが，それは回復を全て説明するものではなく，要素の一つでしかないと思います。ある場所ではすごくレジリエンスを発揮する人が，別の場所に置かれたりすると，全然立ち直れないといったこともあります。ですからレジリエンスは，知能のような，個人の中にある程度固定的にある能力とは全然違うものだと思います。

【下山】環境との相互作用が重要となっているということですか。

【平野】レジリエンスの能力としての側面ばかりがクローズアップされると，心理支援の際にも，その相互作用に目がいきにくくなってしまいます。

6．レジリエンスは一人ひとり違う

【下山】平野先生は，『自分らしいレジリエンスに気づくワーク』というタイトルの本を出版されていますね。それは，このような相互作用も含めたレジリエンスの臨床的な考え方を伝えたいという意図があったのでしょうか。

【平野】ご自身のレジリエンスを高めたいという方だけでなく，レジリエンスを高める支援をしたいという方もたくさんおられます。

そこで，まずこの本でお伝えしたかったのは，レジリエンスは，かなり個人差が大きいということです。外から見たら立ち直ってないように見えても，ご本人の中ではすごく進んでいるということもあり，レジリエンスは一概に外から評価しにくい，つまり人によって比較ができないことをまずお伝えしたいということがありました。

　東日本大震災の際にレジリエンスが注目されたこととも関連するのですが，レジリエンスが言及される時には，社会の中で想定される理想的な回復プロセスが掲げられ，「辛いことがあったらこう立ち直っていくべきだ」ということが前提とされてしまうことがあります。「社会の中で辛さを抱えながら，このように立ち直っていけるといいよね」という規範があって，その規範に至れない自分を責めたりします。

　そのような「こう回復すべき」との規範に苦しめられてしまい，空回りの努力をするということも起きてきます。そのような規範とは異なるレジリエンスの意味をメッセージとして伝えたいと思っていました。

7. 一人ひとりに即したレジリエンスを支援する

【下山】少なくとも心理支援におけるレジリエンスは，楽観的で明るいものではなく，むしろ薄明かりの中で探り当てていくものですね。しかも社会規範とは異なり一人ひとり違うという意味で「自分らしいレジリエンスに気づく」ことが重要ということもわかりました。だからこそ，心理支援においては，「その人にあったレジリエンスや資源はどのようなものなのか」を見ていくことがポイントなのですね。

【平野】今苦しんでいる方や支援者の方にも，そのようなメッセージを伝える本になっていたらと思っています。

【下山】そうなると，「自分らしいレジリエンスに気づくワーク」というのは，心理支援をする人だけでなく，自分のレジリエンスを高

めたいという人にとっても役立つわけですね。ご本の中には，いろいろ写真が入ったりしていて，楽しみながらワークができますね。

【平野】さまざまなレジリエンスの例を掲載してあります。それを通して「それぞれ立ち直り方は本当に違うんだなぁ」ということを感覚的に実感していただきたいと思っています。レジリエンスのグループワークをしてみると，メンバーそれぞれがみんな違うことを想像し，連想します。そこで，「みんなそれぞれ違うんだ」，「自分のあり方もその中のひとつなんだ」ということを，改めて体感していただくことができればいいなと思っています。

8．自己のレジリエンスに気づき，その広がりを感じるワーク

【下山】それでは，今回の研修会では，レジリエンスの理論や考え方について学ぶだけでなく，参加者の皆さまにはオンラインでレジリエンスのワークも体験していただけるということでしょうか。

【平野】ワークとしては，そもそも「レジリエンスはどういうものか」をイメージすることから始めたいと思っています。実は人それぞれ違ったイメージを持っています。本書でも紹介していますが，以前に授業で「自分にとって落ち込みと回復のイメージに一番近い写真を撮ってきてください」という課題を出したのですが，撮られた写真は人によって本当に違っていました。

　そのような自分自身にとってのレジリエンスに気づき，レジリエンスを問い直し，レジリエンスの拡がりを感じていただけるワークを体験していただけたらと思っています。そのために，当日はオンラインのホワイトボードのシステムを使ってワークを実施する予定です。登録などは必要なく，通常のブラウザで URL にアクセスするだけで，とても簡単に利用できるシステムで，しかも匿名で参加できるので気楽に意見交換ができます。投影法を使ったワークもしたいと思っています。参加者の皆さまが連想を通して自由に意見交換できるような時間も取りたいと思っています。

9. 一人ひとりの主観性を大切にする支援に向けて

【下山】現在の日本の心理職ワールドでは, 公認心理師制度の普及が
　急ピッチで進められています。その結果, 形の上だけでエビデン
　スベイスト・プラクティスが標榜され, 現実適応を目指す形だけ
　の認知行動療法が推奨されてしまっています。そうなると, 一人
　ひとりの主観性や個性が見逃されてしまいがちです。本来の認知
　行動療法は, 一人ひとりの個性を大切にするものなのに, それが
　無視される傾向が強くなっているように思います。
　　そのような現状を考慮するならば, 投影法のような主観的なイ
　メージをもう一度見直すことが必要となっていると, 私は思って
　います。一人ひとりの主観性を大切にするという意味で, レジリ
　エンスは大切ですね。

【平野】潜在的なレジリエンスを引き出すワークにおいて投影法を活
　用しています。投影法によって, 言葉にならない部分も扱えたら
　と思っています。言葉や認識で説明できる部分は多くありますが,
　それだけでは取りこぼしてしまう部分もあります。レジリエンス
　を引き出すためには, そこが大切であると思っています。
　　それは例えば, ふんわりと包まれる感覚, 安心の感覚であった
　りするのかなと思っています。研修会では, そのような視点も共
　有できたらと思っています。

【下山】フォーカシングにおける体験過程のようなレベルですね。自
　分の中でなんとなく感じられるけれども, 言葉にならない何かに
　触れることを通して潜在的なレジリエンスに気づいていく, そん
　な感じでしょうか。少しずつ回復力を確かなものにしていくワー
　クですね。そのような体験も含めてレジリエンスを学ぶ研修会を
　楽しみにしています。

臨床心理マガジン iNEXT
2023 年 7 月 12 日公開
（特集：心理支援の新たな扉を開く）
Clinical Psychology Magazine "iNEXT", No.38-3

第7部

心理支援の専門性の発展2

第17章

メンタライゼーションを学ぶ

下山晴彦　北原祐理

1．今，心理職資格が咲き乱れています！

　心理職ワールドは，百花繚乱です。

　資格には，公認心理師もあれば臨床心理士もあります。その他の資格もあります。それぞれの資格には職能団体があります。公認心理師では2つの職能団体（公認心理師協会，公認心理師の会）が併立しています。しかも，**それぞれの職能団体が上位資格を出すと宣言しています**。

　さらに言えば，日本心理研修センターも，遅かれ早かれ**公認心理師の講習会**を実施することになるでしょう。

2．心理職ワンダーランド

　公認心理師の資格設立に関わり，気づいたらベテランの領域に入っていた私（下山）であっても，もう訳がわからない状況です。職能団体乱立の背景事情を知らない若手心理職や，現場の心理職の皆さまは，どうしたらよいかわからずに途方に暮れているのではないでしょうか。

　職能団体に所属しないと，あるいは上位資格を取らないと，自分がどんどん遅れて，取り残されるのではないかと不安に駆られてしまうということはないでしょうか。それぞれの団体は，それぞれの立場から心理職の将来への展望を語っています。バラバラに心理職

の発展の夢を語っています。

　しかし，いずれかの職能団体に入ると自分が色分けされてしまうのではないかと心配になることもあるのでのはないでしょうか？このような状態は，本当に心理職の未来のためになるのでしょうか？　心理職の専門性の発展を適切に導いてくれるのでしょうか？

　現在の心理職ワールドは，アリスが落ちたワンダーランド（Wonderland）のように不思議な国の様相を呈しているようにも思えます。

3．臨床心理 iNEXT の基本デザイン

　公認心理師は，本質的に心理職が主体的に作ったものではありません。医療団体や行政の意向が色濃く反映されています。実質的に公認心理師は，技術者や実務者としての職種としての位置づけです。そのような資格を土台とした上位資格は，真の意味で専門職になり得るのでしょうか。

　専門職とは，学問体系に裏打ちされた専門性と主体性に基づく活動を提供することで社会に貢献できる職種です。専門職の基本には，学問の独立性と一貫性があるべきです。臨床心理 iNEXT は，あくまでも臨床心理学[※1] に基づいて心理職の専門性を目指すことを基本デザインとします。

　そこでは，臨床心理学に基づく専門技能の基本から発展応用までを体系的に学ぶ研修会を提供しています。今回は，基本技能として「メンタライゼーション」（あるいはメンタライジング）[※2] の研修会を開催します。メンタライゼーションは，精神分析にとっても認

※1）臨床心理学の学問体系については，東京大学出版会より「現代臨床心理学シリーズ全5巻」が刊行されている。
※2）メンタライゼーションは"機能"を意味する総体的概念であり，メンタライジングはそのメンタライゼーションが進行する"過程（プロセス）"を意味します。

知行動療法にとっても基本となる理論であり技能でもあります。

　メンタライゼーションは，比較的新しい概念です。そこで本章では，メンタライゼーションを専門的に学んでいる若手心理職である北原祐理さんにインタビューし，その考え方や使い方を紹介します。

4．メンタライゼーションは "内省" の基本

【下山】今日は若手心理職で，メンタライゼーションを学んでいる北原祐理さんに，まずお話を伺います。池田暁史先生をお招きしてメンタライゼーションの研修会が予定されており，そのための準備としたいと思います。

　池田先生のご著書『**メンタライゼーションを学ぼう──愛着外傷をのりこえるための臨床アプローチ**』（日本評論社）では，**メンタライゼーションの定義として「①自分や他者のこころの状態に思いを馳せること，②自分や他者のとる言動をその人のこころの状態と関連づけて考えること」が骨子になることが書かれています。**

　このことは，誰でもやっていることです。しかし，本当に厳密にやっているかどうかというのは考えてみると難しいと思っています。近年，これを心理職や心理支援における重要な概念，さらにはコミュニケーション技法として用いていくことが注目されています。

　私自身の現在のテーマとして，心理職の基本的な技能について考えています。私は基本技能として，相手の気持ちに共感したり，自分のことを理解したり，どのようなコミュニケーションが起きているかに気づいていく「内省」（reflection）ができることが大切だと思っています。その点で，**メンタライゼーションは，心理職の基本技能であると考えるようになっています。**北原さんは，その辺りについて，メンタライゼーションを学びつつある立場としてどんなふうに思いますか？

5．メンタライゼーションは"アセスメント"の基本

【北原】最初にとても共感したのが,「メンタライジングは誰でもやっていることだ」ということです。自分が何かをしたときにどう感じていたか,相手が何か行動をしたときにその後ろ側で何を思っていたか,を考えるということです。そして,相談に来られる方は,私たちが日常生活で自然とできることが何らかの形で出来なくなったり,歪んでしまったりしていることに苦しさがある。自分を責める,相手を責める,過敏に反応するなど,いわゆる心理的問題を抱えて来られる背景に,メンタライジングの能力が育っていない,という考え方がとてもしっくりきました。

　そうすると,さまざまなオリエンテーションがある中で,メンタライジングの力は,心理臨床で育てていく力の根底にあるものなのではないかと感じます。また,心理職自身もメンタライジングができないと,相手の気持ちを読み取れないだけでなく,自分が相手に言葉を返したときに,自分の感情がどう働いてそれを返したのかがわからなくなることがあると思います。そうしてやりとりが逸れていくと,治療関係が出来なくなってしまうのではないか,とも思います。

【下山】なるほど。メンタライゼーションは,相談に来られた方の問題を理解するためにとても重要な概念なのですね。それは,アセスメントと深く関わってきますね。相談の対象となる問題とは,クライアントが相手のことを理解したり,自分のことを現実にそのまま受け止めたりすることが出来なくなっている状態でもあると思います。同時にメンタライゼーションは,心理職がアセスメントをするときに,とても重要な能力であり,技能ですね。メンタライジングができないと,心理職自身が問題が見えなくなる,むしろ巻き込まれることもある。その点でメンタライゼーションは,心理支援の基本技能だけでなく,アセスメントの基本技能でもあるわけですね。

6．メンタライゼーションは心理療法の学派を超えた共通基盤

【北原】私がメンタライゼーションに興味を持ち始めたきっかけは，今思えば，心理職のことを深く知る前だと思います。見ていてうまくいっているようなセラピーの共通点というか。あるいは，自分が誰かと話していて安心できたり，分かってもらえたと感じたり，自分の内省が深まったと感じられるときは，おそらく相手にメンタライジングされているときだと感じます。

　うまくいくセラピーを見ると，そこにはメンタライジング的なやりとりが続いているということなのかと思います。後で概念を知りましたが，内容としては認知行動療法（CBT）や他のアプローチだとしても，振り返ってみると，そこに必ずメンタライゼーションの要素は入っているのかなと思います。

【下山】よく言われることですが，CBT，ブリーフセラピー，カウンセリング，あるいは精神分析でも，技法としては違っても，セラピストとして能力がある人は，ある対応では共通していたりします。その基本に共通してあるものがあるとしたら，メンタライジングの力が働いているときだと思います。そのような基本技能として，メンタライゼーションの考え方を取り上げていくことができると思います。

　今，公認心理師が領域に別れて上位資格を作るなどして，先に進もうとしています。しかし，心理職の専門性の基盤となる基本的技能がしっかり大学院で教えられていて，現場に出ていく教育ができているかと考えると，とても心配です。

7．メンタライゼーションを学ぶ意味

【下山】そこで，改めてこのメンタライゼーションに注目して，基本は何かについて考えてみたいと思っています。北原さんは若手としてメンタライゼーションについて学んでいて，自分にとってプ

ラスなことはありますか？

【北原】いろいろな理論を学び始めたときには，まずその型通りにできるようにならないと，という強迫的な気持ちになることもありました。面接中には，理論通りに進むような質問をしないと，といった具合です。でも，その前に**基本的な姿勢として大事なことが，メンタライゼーションの理論には詰まっている**と思います。そして基本をやろうとすると，すごく難しい。基本を飛び越えて，いろいろな理論は使いこなせないなという気づきに至りました。

　メンタライゼーションで大切にされている姿勢の1つに，例えば not-knowing の姿勢があります。「わかっていない」，「相手の心は見えないし，本人しかわからない部分がある」というような姿勢です。知った気にならない，表面的な共感をしない，解釈を急がない，など。**あまり急いで仮説を立てて伝えてしまうと，相手が本当に自分の心について考える機会を奪ってしまう。だから**ぐっと堪えて，inquisitive な（好奇心をもって），「**問いかける**」**姿勢をもつことが大切**とも言われます。

　「そのときどう感じたんですか？」，「今のところ，どうしてそうなっちゃったのかよくわからなかったんですけど，もう少し言葉を足してもらえますか？」などの聞き方をして良いのだと知りました。**メンタライゼーションの考え方では，相手が感じていることに焦点を当てて，こちらもわからないときは素直になり，きちんと関わることを純粋に大事にしている**印象を受けました。

　その点でメンタライゼーションを学ぶことは心理職の専門性にもつながりますし，そうした関係を作っていくこと自体が，心が育つこと，つまり，自分と他者には違う心があって，その心について考えることを支えるということになります。あえてそこを強調している考え方を知れたのが良かったと思います。各アプローチの理論だけでなく，**メンタライゼーションを学ぶことを通して，愛着や精神発達理論の大切さも改めて学ぶ**こともできました。

8．メンタライゼーションの学び方

【下山】特に若手心理職は，CBTでは「マニュアルに従って実践を
　　しなければ」とか，精神分析では「先輩が実践している原理を学
　　ばなければ」といった考えが先立つかもしれません。しかし，そ
　　こから自由になって，まず自分たちにできることに立ち返り，基
　　盤を学ぶことができるという利点がメンタライゼーションの学習
　　にはあるわけですね。

　　その一方で，メンタライゼーションは当たり前のことを扱って
　　いるからこそ，学ぶのが難しい面もあると思います。多くの皆さ
　　まがメンタライゼーションに関心がおありだろうと思います。し
　　かし，取っ付きにくさもあるのではないでしょうか。これまでメ
　　ンタライゼーションを学んできた北原さんから，初めて学ぶ人た
　　ちへのアドバイスはありますか。

【北原】専門用語から入ると，心理状態を非常に細かく区切って，私
　　たちが当たり前と思っている現象にラベルをつけて概念化すると
　　いうことになります。しかも，メンタライゼーションでは，心の表
　　象機能に注目して，その理解に用いている理論が幅広いです。そ
　　のような意味での複雑さがあり，概念を聞くだけでは難しいです
　　ね。ワークショップなどに出ると，具体的にその意味を掴めてく
　　ると思います。

　　私がMBT（mentalization based treatment）のトレーニン
　　グに出たときには，ビデオを見せていただきました。それを観た
　　後に，自分の面接を振り返ることもあります。例えば，「基本的な
　　姿勢ができていないときはどういうときなんだろう」と考えます。
　　"できない"の中にも代表的ないくつかのパターンがあり，ビデ
　　オを観た後に，もう一度教科書のその部分を読み直すと，ちょっ
　　とずつ分かってくるといった感じです。

　　このようなステップを踏むことで，「実際の面接で，この方は
　　表層的なことしか話さずに全然繋がっている感じがしないなあ」，

「何がそうさせているのか」といったことに気づけるようになっていきます。そして、「どう軌道修正するか」というところまで考えられるようになる気がします。

9．メンタライゼーション技能の上達に向けて

【下山】しっかりとビデオを観ながら学んでいくと、メンタライゼーションの技法は細かくリードして、説明してくれていることがわかってくるわけですね。それと関連して、これからメンタライゼーションを学んでいく人に向けて、意識するといいことや、気をつけるといいことなどありますか？

【北原】私自身も言われたことですが、失敗を恐れないでたくさん体験すること、体験したことを人と一緒に振り返ることでしょうか。**メンタライジングは人と人との間で流れるプロセスなので、事例1つとっても、事例自体を周りの人と一緒にメンタライズすることが大事だと感じさせられます。**

　クライアントさん、あるいは、そのクライアントさんを前にしたときの自分の気持ちをみんなでメンタライズすることや、その時点では気づけなかったことを理論に当てはめて、自分が失敗と思ったことは何だったのかを振り返ってみることがとても学びになります。それを人の助けを借りながら繰り返すことで、初めて自分の見方から解放されるのかなと感じています。自分が考えていなかったことにも目を向けられる力がつけば、それが面接場面でもとても生きるのでないかなと感じています。

【下山】そう考えると、アセスメントの重要な視点にもなり、心理支援をする上でも関係性を見たり、自分の状態を把握したりすることにもなるし、さらに訓練、SV やカンファレンスでリフレクションする上で、メンタライゼーションはとても重要な枠組みになるということでもありますね。

【北原】メンタライゼーションを専門とされている方々によく助けていただくのが、メンタライジングの力は、身につけたからといっ

て下がらない能力ではないと言われるのです。ストレスがあれば，つまり，覚醒度が上がると絶対にメンタライジングの力は落ちるということです。先輩や先生方は，私が緊張してとか，不意をつかれて頭がごちゃごちゃしているときに，まずそれを和らげる介入をしてくださいます（笑）。そこで初めて，「その瞬間に覚醒度を下げて，メンタライジングの力を取り戻すとはこういうことなんだ」と肌で感じて，理解が進むことがありました。

10. 池田先生の研修会に向けて

【下山】なるほど。最後に，池田先生の研修会について，北原さんもスタッフとして参加してもらいますが，期待することを教えてください。

【北原】いろいろなお話が全部楽しみです。メンタライゼーションについて，自分の言葉で説明できるようになったり，他のアプローチとの重なりを説明できるようになったりするには，どのような学び方をしたらいいかを考えたいです。

　　また，少し細かい点ですが，池田先生がご著書の中で，最近のケースでは「葛藤を抱える力が落ちている」ということを書かれていました。メンタライゼーションは，「葛藤を抱える力」と関わりが深いと思います。というのは，分かりえないことを分かろうとする努力はある意味とてもしんどいことだと感じているからです。

　　それをクライアントさんも心理士もずっとやり続けるということなので，心理支援の場で行われることは甘いことではない。ですので，「葛藤を抱える力」とメンタライゼーションについて，それができないとはどういうことかについて，もう少し知りたいです。

【下山】「葛藤を抱える力」はとても重要な概念ですね。それは，"愛着外傷"の問題とも関わるとも言えるでしょう。さらに，「葛藤を抱える力」は「分からないことに耐えられる能力」とも関連して

くると思います。それは心理職の基本能力にもつながると思います。その点をぜひお聴きしたいですね。

臨床心理マガジン iNEXT
2022 年 5 月 27 日公開
（特集：心理職の新しい形をデザインする）
Clinical Psychology Magazine "iNEXT", No.29-2

第18章

心理支援の基本とは何か

池田暁史　北原祐理　下山晴彦

1．心理支援の基本とは何か

【下山】臨床心理 iNEXT では，池田暁史先生を講師にお招きして，ご著書『メンタライゼーションを学ぼう——愛着外傷をのりこえるための臨床アプローチ』（日本評論社）をテーマとするオンライン研修会を開催します。そこで，今回は，メンタライゼーションについて学んでいる若手心理職の北原祐理さんと一緒に池田先生にお話を伺います。

　私自身，メンタライゼーションは，非常に面白い概念だと思っています。ざっくり言うと「相手の気持ちに思いを馳せて理解していくこと，そして，自分が何を感じているかについても内省していくこと」がメンタライゼーションの定義ですね。それは，私たちが日常的に行なっている事柄です。そのことを改めて取り上げている点がとても興味深いです。

　しかも，それは，私たちの臨床活動でしているコミュニケーションの基本にある事柄です。その点でメンタライゼーションは，私たちが心理支援で何をしているかを見直す枠組みになると思っています。まず，池田先生が，そのようなメンタライゼーションを深く学ばれるようになったきっかけを教えていただけますでしょうか。

2．メンタライゼーションの学際性

【池田】そもそものきっかけですが，私
の恩師の狩野力八郎先生がこの概念を
日本に初めて紹介しようというときに，
翻訳プロジェクトに弟子として半強制
的に参加させられました。翻訳をして
みると，愛着理論，発達心理学，認知
科学など，色々なところから概念を持
ってきているところがあり，とても難
しかったのですね。

池田暁史
／いけだ・あきふみ
（大正大学）

　　すごく苦労して翻訳したところがあったのですが，それと同時
に学際性に惹かれました。「このようにいろいろな概念をもってき
て，一つの形にまとめることができるんだ」ということを感じて，
自分でも積極的に理論として勉強したいと思うようになりました。
そして，2008 年に日本で最初のワークショップがあったのです
が，そこに出てみて，実際の模擬面接を動画で見せてもらったと
きに，精神分析的心理療法と似ているところもあり，違うところ
もあると感じました。

　　自己開示や積極的にサポーティブな関わりをしていくところな
どは，精神分析とはすごく違うところだと感じました。分析的なも
のを志向してきた私が，メンタライゼーションと，どう内的な折
り合いをつけるかという部分がありました。そのチャレンジ，あ
るいは葛藤に向き合い続けて 10 年くらい経っているというとこ
ろです。

【下山】私は，以前からメンタライゼーションという言葉は知ってい
ました。しかし，正直に言うと取っ付きにくいところがありまし
た。それは精神分析から発していて対象関係を扱っているのだろ
うと勝手に誤解していたからです。私自身，若い頃に対象関係論
を随分と読み込んだ反動で，その種のテーマは一旦脇に置いて現

実に介入する認知行動療法を学び始めたということがありました。それで，対象関係をテーマとしているだろうと思えたメンタライゼーションを，食わず嫌いになっていたところがありました。

　しかし，先生のご著書を読んで，メンタライゼーションは，精神分析を超えてとても大切な事柄を扱っていることを知りました。それは，認知行動療法が見失いがちな事柄でもあります。一つは，愛着の問題であり，発達や複雑性 PTSD にも関わる部分です。もう一つは，精神分析や認知行動療法を超えた，人間の関係性の共通基盤にある事柄です。

3．精神分析や認知行動療法の共通基盤にある普遍的な事柄

【下山】 ご著書には，メンタライゼーションの定義として，「①自分や他者のこころの状態に思いを馳せること，②自分や他者のとる言動をその人のこころの状態と関連づけて考えること」と記載されています。これは，幅広くメンタルケアの活動の基本になると思いますが，先生はそれをどのようにお考えでしょうか？

【池田】 やはりメンタライゼーションのベースの思想には，学派に関係なく考えることができるという点があると思います。どの学派の人も，自分の目の前の患者さん／クライアントさんと交流するときの，基礎的な背景理論というか，思想としてメンタライゼーションを導入することは可能だと思います。

　それは，新たな何かを生み出すこともあれば，葛藤を生み出すこともあります。非常にベーシックな発想であり，ジョン・アレンは「素朴で古い」と言いますし，ベイトマンとフォナギーは「世界で一番新規なところ（novelty）がないセラピー」とも言っていました。それはある意味，普遍性に対する自信でもあると思います。

　私たちが，目の前の人との関係性の中で何かをしているときのベースになりうる理論であり，思想だと思います。それは力動系であれ，認知行動系であれ，どのような理論を自分の背景にして

いる人でも接続できる理論です。それと同時に自分の依る理論が
揺るがされるような体験をするものだと思います。それが非常に
魅力的，刺激的だけど，ちょっと葛藤的ということをいろいろな
人に体験させるのではないかと思います。

【下山】今までの心理療法や学派の人たちは，自分たちの独自性を出
すために新規性を強調していました。あるいは難しい問題を解決
する特別な技法を提案する傾向がありました。しかし，心理支援
の共通基盤となることは何かをテーマとすることは少なかったと
思います。

　メンタライゼーションは，心理支援の中核にある，この共通基
盤をテーマにしていると思います。そのため，当たり前すぎて逆
に学ぶのが難しいということがあるのかもしれません。私たちは，
普通，相手のことを考えながら，共感的なコミュニケーションを
しているつもりでいます。心理支援は，まさにこの " 共感的なる
もの " を扱っているわけですね。

4．当たり前のことをセラピーにする難しさ

【下山】私たちが当たり前にしていると思っている " 共感的なるも
の " を改めて取り上げ，技法にしていくことをどのように学んだ
ら良いのか。そして，それが本当にできているのかが問われるの
が，メンタライゼーションを学ぶことではないかと思います。メ
ンタライゼーションを学ぶ難しさについて，若手心理職の北原さ
んはどのように感じますか。その点に関して池田先生に伺いたい
ところがあればお願いします。

【北原】まず，当たり前だから学ぶのが難しいことについて質問させ
ていただきます。たとえば，積極的に自己開示をするなどは，人
間関係の中では自然に起きうることです。人間関係を作る上での
作業を，心理職の専門的な営みとして取り入れること，さらには，
メンタライゼーションの文脈で臨床的に行うことの難しさについ
て，どう理解すればいいのか，お聞きしたいと思いました。

　　相手が思ったことに対して自分がどう感じたかを伝え返すやりとりで，お互いが何を考えているかを知っていくことができるというのはあると思います。ただ，自己開示であれば，私たちが日頃お互いを理解していくときに行うその行為を心理職が多用すると，それは果たして専門的なのかとも思います。

【池田】メンタライゼーションの理論的な話をすれば，多くの方は「当たり前だよね」と思うと思います。言葉にして明確に考えたことはなかったけど，感覚的にはわかっているという反応を示される方は，日本に限らず，ある割合はいらっしゃいますね。ただ，それを実際に目の前の患者さん／クライアントさんに，セラピーとして提供しようとすると非常に難しいというところはあります。

　　理論の素朴さと，介入として実践することの難しさのギャップがあります。「思ったよりも全然できないじゃん」となる。これは本格的に学ぶとなると，トレーニングやスーパービジョンを受けるしかないと思います。ただ，ベイトマンが言うには，日本では指導できる人があまりいないので，ピア（peer）でやるといいということでした。

　　仲間同士で「これは自分としてはメンタライゼーションを促進することを目指して行った介入だったのだけど，どう思う？」と言うことを話し合えばいいのではないかと思います。他者の目が入らないと，それが本当にメンタライジングの介入なのか，という点を判断するのは難しいと思います。

5．精神分析とメンタライゼーションの違い

【北原】もう一つお聞きしたいことがあります。メンタライゼーションを学ぶ前に他の心理療法のオリエンテーションを学んでいた場合，その理論との葛藤が生じて実践するのが難しいこともあるかと思いました。私が学部時代に学び始めた頃のことですが，精神分析について学ぶ中で，少し冷たさのようなものを感じることがありました。治療者は，真っ白いスクリーンのようにあることが

大切にされていて，分析家としては向き合うけど，その人自身の人間性を出してはいけない，あるいは，出すことが治療を妨げる，というニュアンスを感じていたからだと思います。ところが，メンタライゼーションを学んでみると，人間的なところも素朴に治療に取り入れる温かさがあるように思えます。自己開示の扱い方の違いともつながるかもしれません。こうした違いを理解し，上手に組み合わせていくことを，どのようにして学んでいけるのでしょうか。

【池田】その点については，自己開示をするかどうかを判断基準にすると，スタックしてしまうのですね。特に私は分析的なオリエンテーションをもつので，「通常ではここでは治療者の感覚は述べないところだけど，どうしたらいいんだろう」と困ってしまう場面が出てくるのです。メンタライジングな介入を導入しようとすると，困るということですね。

　この点については，**ある程度メンタライジングを意識した介入をやってみると，判断基準が変わってくると思います。「自分が今これを言ったら，目の前の患者さんはメンタライジングしてくれるだろうか」と考えるようになります。**自分の発言で患者さんのメンタライジングが促進されるならば言うし，そうではなければ言わないというように，何を選択するかが変わってくるわけですね。

　それまでは，試行錯誤しながら，トレーニングを受けたり，仲間同士で議論したりすることが必要だと思います。精神分析が冷たいというのは，否定はしきれないですけど，精神分析も本当にその患者さんとの取り組みになれば，まさに人間性同士の関わりになりますので，人間性を出していないとは思わないですけどね。そんなに非人間的なものではないと言うのは言っておきたいです。

6．日常的なことだからこそ，そこに本質がある

【下山】私の知っている精神分析の人は，個人的に付き合うと，認知

行動療法をやる人よりも熱いですよ（笑）。ところで，今の論点について思うのは，私たちが日常生活でおこなっているメンタライジングを心理支援に持ち込むというものなのかと思います。しかし，実際には日常生活でメンタライジングができているかというとできていない。だからこそ，そのできていない部分を徹底的に見ていくということが，メンタライゼーションのポイントではないかと思ったりします。

【池田】おっしゃる通りです。日常生活でやれているつもりになっていることが，実はやれていない。特に，患者さんやクライアントさんと呼ばれる人は，普段の生活や人間関係の中でうまくいかなかったり，躓いたりしているわけですよね。だから，もう一度きちんと意識して取り組まないとメンタライジングできるようにならないんだということを言っているのが MBT（メンタライゼーションに基づく治療）だと思います。

【下山】研修会の前半では「メンタライゼーションとは何か」という基本をお話しいただきます。メンタライゼーションとは，健全な人間関係の基本であり，日常生活において多くの人が自分は実践できていると思っているものです。

　ところが，メンタライゼーションのもう 1 つの側面として，境界性パーソナリティ障害，複雑性 PTSD，解離など，深刻な愛着の問題に関連していることがあります。この点に関して私は，メンタライゼーションは私たちの基本的なところを押さえているからこそ，複雑な病理に関わってくると考えています。あるいは，複雑な問題であるからこそ，基本的なところを押さえる必要があると考えることができるとも思います。

7．素朴に本質を扱うが故に愛着外傷を扱える

【下山】複雑性 PTSD 等の，いわゆる"愛着外傷"と呼ばれる深刻な問題に対しては，トラウマフォーカスト認知行動療法（TF-CBT）やスキーマ療法など，それに特化した治療法があります。それは，

特別な方法を取らないと，問題にアクセスできないというスタンスであると思います。それに対してメンタライゼーションでは，実は普通の生活の中にある基本的な事柄こそが複雑な問題を理解することに繋がるとの発想があると思いますが，いかがでしょうか。

【池田】私たちの生育過程での愛着の問題，微小なトラウマの積み重ねなどは，私たちの根本部分に影響を与えるわけです。だからこそ，メンタライゼーションという私たちにとってファンダメンタルな要素を扱うことで，トラウマなどの複雑な問題を扱えるという側面はあると，私も思います。

　特別な心理療法にフォーカスしたものを堂々と打ち出しているわけではないので，「こんなかっこいいことをやっています」と言えないところはあります（笑）。ジョン・アレンが言うように本当に素朴に臨床をやるわけですが，素朴に本質的なことを扱うがゆえに，人生における本質的な問題を扱えるのだと思います。

【下山】先生のご著書を拝読していると，なぜかアットホームな感じがするのですね。私は，「これって大事だよな」と思います。それと同時に，「これこそが難しいと問題に繋がっている」とも感じます。ある意味で「深刻な問題は，実は特別な病理ではないのだ」とも思います。

8．嫌だと思える人と，楽しく会えるコツを学ぶ

【下山】私自身，複雑性 PTSD の方にお会いしていると「無理しないでほしい」と思います。自分の何かに通じるものを感じて，「無理をしなくても大丈夫と感じてほしい。そのためにどのように支援すれば良いのか」と考えます。それは，「人間関係の基本にある『自分や他者のこころの状態に思いを馳せる』ことを私もクライアントさんも同じようにしている。だからこそ，お互い，自分の足元を確認しながら問題解決に向けて進みましょう」といった感じです。

　その点でメンタライゼーションは，特別なことを主張している

のではないと思いますが，どうでしょうか。

【池田】直接のお答えになるかわからないですが，ベイトマンが，MBTを学んで一番いいことの1つとして，「他のスタイルで会っていると，とても大変だ，とても難しい，とても会うのが嫌だ，と感じる人と楽しく会えるよ」と言っていたのですね。

　それを今，先生の話を聞きながら，思い出しました。何かそれに関係があるような気がしますね。ある種，患者さん／クライアントさんにとっても，治療者側にとっても，本当に大切なものについて，一緒に考えているという感覚を共有できる側面があるのかな，と思いますね。

【下山】メンタライゼーションでは，人間関係におけるコミュニケーションや愛着に関して，セラピストにとっても大切なことであるけれど，実際にはセラピスト自身もうまくできていないことを大切に扱っていると思います。だからこそ，患者さん／クライアントさんができていなくても，"何か許せる"といった感覚が出てくるのだろうと思いました。

9．メンタライゼーションに基づく治療

【下山】これは，患者さん／クライアントさんの理解や共感につながるところだと思います。さらに，介入段階では，これを治療として行うことになります。ご著書では，具体的なやりとりの例を用いて説明されていましたが，メンタライゼーションに基づく治療に関して教えていただけますか。

【池田】本当に，メンタライゼーションに基づく治療というのは「言うは易く，行うは難し」というところがあります。実際にやってみると思ったようにできないということの繰り返しです。ただ，そういう視点を持つことで，確実に臨床が変わる部分があると思います。深めようと思えばどんどん難しくなる世界です。しかし，取っ掛かりとして触れてみることで，視点の違いを最初から感じられる治療法ではあると思います。

【北原】私は，治療に関して，先ほど池田先生が仰っていた「本当に大切なものについて一緒に考えている」とは，どのようなことなのかを知りたいと思っています。**専門家は理論や疾患概念を知ってしまうがために見えなくなることがあると思います。それは，その人がこれまでどんなふうに生きてきて，その人にとって他者や世界がどう映っているのかということです。もしかしたら，メンタライジングがやっていることは，そのような事柄を一緒に体験することに近いのかなと思いました。**そこにメンタライゼーションを学ぶことで得られる新しい視点があるのではないかと思ったりしています。

10.　メンタライゼーション研修会に期待すること

【北原】私は，心理の相談に来られる人というのは，いろいろなところで「わかってもらえなかった」という孤独が根本にあると思うところがあります。それは，ある意味での微小なトラウマの積み重ねと言ってもいいと思います。自分の住んでいる世界に１人でも，100％ではなくても，理解してくれようとする人がいたならば，相談に来なかったかもしれない人に，私たちは出会うのかなと思うことがあります。

　　そうした人との間で，理解しようとするということは，わからないことや葛藤がありながらも一緒に生き方そのものを考えるということで，ここがメンタライジングで大切にされている姿勢とも重なる気がしています。

　　池田先生が，ご著書の中で「葛藤を抱える力が落ちている」，それは，現代の社会的な構造によるものでもある，ということを書かれていたのが印象的でした。そうした中で，心理職がメンタライゼーションを学ぶ意義とは，基本的な姿勢とは，「本当に大切なもの」とは，ということを研修会で考えたいのと，池田先生のお話ももっと伺いたいと思いました。

　　簡潔に言うとしたら「素朴で古いこと」をやる現代的な意義，で

すかね。それをやることが難しくなっている現在の社会で，心理職がどうそれに取り組んでいけるのか，を自分は考えたいのかなと思いました。

【池田】その点で言うと，フォナギーは，最近はよく**認識的信頼**（**epistemic trust**）という言葉を述べています。**それはつまり，自分のことを考えてくれている他者が目の前にいる，ということです。つまり，患者さん／クライアントさんからすると「A先生は今，自分のことについて考えてくれているんだ」と思える対象が目の前にいることの重要性ということを言っています。**

　　メンタライジングの治療が何を促進するかというと，患者さん／クライアントさんの認識的信頼を促進するのだということを言っています。それは，北原さんが今言われた前半の部分につながるのかなと思いました。

【下山】ありがとうございました。当日を楽しみにしたいと思います。今回インタビューさせていただいて，さらにお聞きしたいことが出てきてしまいました。

臨床心理マガジン iNEXT
2022 年 6 月 16 日公開
（特集：心理職の新しい形をデザインする）
Clinical Psychology Magazine "iNEXT", No.29-4

第8部

心理支援の専門性の発展3

第 19 章

コンパッション・フォーカスト・セラピーを学ぶ

有光興記　下山晴彦

1．コンパッション・フォーカスト・セラピーを学ぶ

　臨床心理 iNEXT の研修会では, 世界に広がりつつあるコンパッション・フォーカスト・セラピー（CFT）を学びます。**CFT は, 日本人に馴染みのある大乗仏教に起源をもち, 自分や他者の心の中に温かさや安心感を培うことを重視した心理療法です。愛着, 恥, 恐れ, 安心感など, 日本人にとって重要な感情に焦点を当てており, 日本の心理職にとっては非常に親和性のある理論と方法となっています。**

　研修会では, CFT の理論と方法を解説するとともに, 「コンパッション」を経験していただくワークも実施します。**日本の心理職にとって馴染み易い「思いやり」や「癒し」と重なるコンパッションがテーマとなりますので, 研修会で学んだことは, 日頃の臨床に取り入れ易いものとなります。また, コンパッション体験のワークを通して日頃の疲れを癒していただければとも思っています。**研修会に先立って, 講師の有光先生にコンパッション・フォーカスト・セラピーについてお話を伺いました。

2．有光興記先生 interviewed by 下山晴彦

【下山】私は, 有光先生が監訳をされた『コンパッション・フォーカスト・セラピー入門』（誠信書房）を拝読し, とても感動しました。

これは多くの人に読んで欲しいと思って今回の研修会を企画しました。特に本書の内容は，今の日本の心理職が直面している課題を解決していくのにとても役立つと思いました。ところで，先生にとって，コンパッション・フォーカスト・セラピー（CFT）の魅力はどのようなものでしょうか。

有光興記
／ありみつ・こうき
（関西学院大学）

3．穏やかな気持ちを育む CFT の魅力

【有光】私の目から見ると，認知行動療法（CBT）などのエビデンスに基づくセラピーが世界的に広がる中で，ポジティブ感情がなかなかターゲットになりにくいと思っています。治療ベースとなり，エクスポージャーやトラウマフォーカスなどのようにクライアントは苦しみながら治療を受けるといった場面も多くなっています。

　それに対して，治療者としても支援者としても疑問に感じるような場面も出てくると感じていました。しかし，その一方では，今までのカウンセリングモデルでは，有効性を認められないということもありました。そのような状況において，コンパッションにフォーカスしながら心理療法を進めていくアプローチを魅力的に感じたということがありました。

　CFT は，本当に苦しくて自分の感情も人に言えないという人に対しても，優しい気持ちを思い出してもらい，そのようなイメージを育むことで日常生活から穏やかな気持ちになっていただくというアプローチですね。これは，いろいろなクライアントに有効であると感じています。

【下山】私も CBT を実践してきて，ただ直面化すればいいというわけではないことを実感しています。例えば，エクスポージャーであっても，直面化する前提として，共感的な関係や安心できる場

の共有がとても重要です。ところが，共感や安心があまり強調されていなかった。それで良いのかと思っていた時に，本書を読ませていただき，「そこが大切なのだ」，「むしろ，そこにこそ回復に向けてのベースがあるのだ」ということがしっかりと理論化されていたので，感動しました。

4．CFT は，認知行動療法を超えている

【下山】それと関連して教えていただきたいのは，CFT は，CBT の中の一つなのかなという疑問です。本書の原書は，"The CBT Distinctive Future Series" の中の一書として，つまり CBT シリーズの一つとして出版されているわけですね。私は, CFT は CBT の一種というのではなく，むしろそれを超えているのではないかとも思いますが，どうでしょうか。

【有光】おっしゃる通りだと思いますね。CFT は，広い意味で CBT として位置付けられます。認知や行動を扱いながらエビデンスに基づくセラピーを進めていくという意味では CBT の学会などで発表されています。ジャーナルでもそういうところに出ています。**しかし，CFT は，認知や行動だけにターゲットを置くわけではなく，CBT とは異なる面があります。**

　　CFT では，自分に厳しい行動をすることに至る履歴にも注目します。特に大事にしているのが愛着の関係です。過去を振り返り洞察するので，精神分析の話も当然出てきます。そのような多様な側面に注目する中で，常にあるのが「コンパッションに焦点を当てていかなきゃダメだ」ということは，徹底しています。

【下山】CBT は, ヨーロッパの近代化の中で生まれた方法ですね。個人が認知や行動を調整して現実に適応していくことがメインのターゲットとなっています。それに対して **CFT は，感情，特に感情制御が大きなテーマになっている。そこが CBT の枠を超えている**と私は思います。

5．CFT は，マインドフルネスとは異なる

【下山】さらに，もう一つ気になるのは，CFT とマインドフルネス
　　との関係です。多くの人は，コンパッションをマインドフルネス
　　の一部，あるいは一つの亜流と考えているのではないでしょうか。
　　その点について先生いかがでしょうかね。

【有光】心理療法としてのマインドフルネスや，企業が何かの目的で
　　使うマインドフルネスは，明らかにコンパッションに基づく心理
　　療法とは違うものと思います。ただ，広い意味ではマインドフル
　　ネスは，私たちを幸福に導くものですし，気持ちを穏やかにする
　　ものです。そのようなマインドフルネスという状態は，コンパッ
　　ションあふれる状態で，両者は融合しています。
　　　　マインドフルネスとコンパッションは，両輪として互いに必要
　　としているようなものです。今回の本でも，CFT を実践するには
　　マインドフルな気づきが必要で，瞑想法も実践すべきと明記され
　　ています。ですので，より大きな目で見るとどちらがどちらかに
　　取り込まれているというのではなく，融合しているというのが実
　　際の姿なのではないかと思います。

【下山】お互いがお互いを必要とし，支え合う関係ということですね。
　　ということは，両者は異質な面もあるわけですね。両者は，いず
　　れも仏教を起源としていますが，どう違うのでしょうか。

6．CFT は，仏教の基本概念「慈悲」に根ざしている

【有光】もともとは仏教の基本概念に慈悲，つまりコンパッションと
　　いうのがありました。CFT は，明らかにそこに根差しており，本
　　書でも仏教概念の八正道が触れられています。マインドフルネス
　　瞑想も仏教由来のもので，単独でもいろいろな心理的効果があり
　　ます。でもマインドフルネス瞑想を実施しても頭がこんがらがっ
　　て何も感じられないこともあります。そこで必要なのがコンパッ

ションで，気持ちを穏やかに，混乱していても自分の身体の感覚や感情・思考を優しく見守る姿勢ということになります。

　見守る姿勢は，Careful Awareness と教示されます。Careful とは注意深くと翻訳されますが，この場合は優しく見守る，Gentle Awareness という意味で，コンパッションが含まれています。実践においてコンパッションとマインドフルネスの両方大事だという，元々仏教で言われていたことが，この本では強調されています。

　さらに，詳しく申し上げると，**CFT ではコンパッションを持った自分自身のイメージを培います。自分の良いところも改善したいところも理解していて，ずっと寄り添って優しい声をかけてくれる自分自身をイメージするのです。その自分自身とか他者に対して優しくしましょうという話になります。自分自身がコンパッションあふれるようになるというのは，仏教の中でも大乗仏教的**ですね。

【下山】大乗仏教的だから，日本人に馴染み易いのですね。

【有光】すでに悟っているような自分が存在しているけれども，それが発揮できてない。だから，そこに注目し，それをイメージしていつでも出てこられるようにしたら，自分自身を優しく見守れますという話です。

7．CFT は，チベット密教に由来し，ユングとも繋がる

【有光】優しい自分をイメージすることを調べてみたところ，チベット密教由来ですね。弥勒菩薩を観察して，それをイメージしてそれになりきるということにルーツはあるのです。ポール・ギルバート先生は，そこまで仏教の話はされませんけど，本やワークショップでは，チラチラとそのようなことも伝えておられます。

【下山】私は，本書を読んで CFT にとても親和性を感じました。**大乗仏教や密教に由来するという点で日本の文化に近いと感じますね。**

【有光】近いですね。そこでユングの集合的無意識の話題につながっ
　てくるのだと思います。

【下山】その点で日本の心理職には，CFT は馴染みやすいし，受け
　入れやすいでしょうね。

8．日本人が親和性を持つ CFT を学ぶ意味と魅力は何か

【下山】有光先生は，そのように日本人が親和性を持つ CFT を学ぶ
　意味や魅力をどのように考えておられますか。そのような点も含
　めて研修会参加を考えている心理職の皆さまへのメッセージをお
　願いします。

【有光】一つとして，コンパッションは私たちが支援するときに感じ
　ている感情なので，その理論を学ぶことは自分たちがしている実
　践の振り返りにもなるし，実践の場でさらにコンパッションの力
　を使っていくきっかけになると思います。

【下山】確かに CFT の理論は，日本人の普通の心理職がやっている
　ことの裏付けになるものですね。

【有光】もう一つは，コンパッションのワークによって自分自身が穏
　やかな気持ちになるという体験ができます。それも大きな意味が
　あります。自分で体験していると，それができていないクライア
　ントさんに教えるというとき，こういう状態になるんだとわかっ
　て，教えやすいということがあります。今回の研修会では，まず
　は自分で体験してみるワークをしていただきます。コンパッショ
　ンには成功も失敗も全然ないんですね。とにかくやってみてどう
　なるかを試してみることが大事なのです。楽しんでいただければ
　と思います。（次章に続く）

臨床心理マガジン iNEXT
2023 年 9 月 15 日公開
（特集：秋だ！心理職のスキルアップの季節だ！）
Clinical Psychology Magazine "iNEXT", No.39-2

第 20 章

普通の相談におけるコンパッションの意味

有光興記　下山晴彦　中野美奈

1．どうする？　日本の普通の心理相談

　ご存知のように日本の心理職の活動は，**公認心理師制度の導入を契機として大きく変わりました。**かつてはフロイトやユングに代表される「**プライベート・プラクティス**」モデルの個人心理療法が日本の理想モデルでした。しかし，公認心理師制度では，それにとって替わるモデルとして「**パブリック・サービス**」としての心理支援を目指しています。

　パブリック・サービスとしての心理支援では，高額の心理療法費用を支払えるお金持ちや特定の精神障害の診断を受けた患者が対象となるだけではありません。特定の学派の免許皆伝の資格を得た心理臨床家の心理療法が求められているわけでもありません。**心理的苦悩を抱えた国民であれば誰もが利用できる「普通の相談」を提供すること**が目的となります。今こそ，社会や利用者に役立つ「普通の相談」とは何かを考え，それを実践していくことが課題となっています。

　そこでは，誰もが気軽に相談できる「普通の相談」とはどのようなものであり，それをどのように提供するのが望ましいのかが問われています。

2．今，なぜ"コンパッション"なのか？

　誰もが気軽に相談できる「普通の相談」では，学派の理論に基づ

くのではなく，日本の社会や文化に即した心理支援，利用者に優しい心理支援を作っていくことが課題となります。また，公認心理師制度を主導する医療や行政に従うだけでなく，心理職自身が自らの専門性をどのように発展させていくかという主体性も問われています。

　前章では，注目新刊書『コンパッション・フォーカスト・セラピー入門』の訳者である有光興記先生をお迎えしての対談の前半を掲載しました。本章では，その後半を掲載します。対談の後半では，「コンパッション・フォーカスト・セラピー」はどのような特徴があり，それは日本の文化や心理支援の伝統とどのように関連しているのかがテーマとなります。日本文化と親和性が強い"コンパッション"は，「普通の相談」において重要な意味を持ちます。ぜひ，その点に注目して対談後半をお読みください。

3．「コンパッション」と「共感」の違い

【下山】これまでのお話（前章掲載）から，コンパッション・フォーカスト・セラピー（CFT）は，日本の文化だけでなく，日本の心理支援の伝統とも親和性が高いことがわかってきました。日本の場合，精神分析の実践でも CBT の実践であっても，その前提としてクライアント中心療法的な"共感"を大切にしています。だからこそ，CFT を学ぶことは，日本で普通に実践されていた心理支援のあり方の理論的裏付けを得ることになるのではないかと思います。つまり，コンパッションを学ぶことは，日本の「普通の相談」のあり方の意味を再認識していくことが役立つのではと思ったりしますが，どうでしょうか。

【有光】実は"共感"と「コンパッション」は違っています。"共感"は疲労するけど，"コンパッション"は疲れないという違いがあります。"共感"は，相手と一緒に苦しんでしまうのです。その人の気持ちをそのまま受け取って，その人の立場で同じように悲しんでしまったら，自分自身も混乱して何の示唆を与えることも

できない。一緒に悲しむだけになってしまう。それで疲れてしまうのです。

　"コンパッション"は，実はその人のことを理解しながらも，その人の強みも理解していくのです。その人が気づいていない，もう忘れてしまっている頭の中に出てこない強みとかも理解し，後ろから後押ししてあげたり，ずっと黙ってそばにいてあげたりという無条件の愛情ということです。これは無限大です。無限大というのは，私たちの脳に備わっているものなので，いつでも発揮できる。疲れるどころか心地がいいのです。慰めてあげている時というのは，一緒に穏やかな気持ちで手を握っていられる。これに疲れは感じないのです。

4.「共感」の限界に気づく

【有光】　ただし，対人援助職の人は，コンパッションを学ぼうとし，教えてもらっているのですが，共感するだけで何もできずに苦しんでいることがあります。ショックを受けるような大きなストレスを感じるような出来事に際して，自分を防衛するための脅威システムが作動する場合は特にそうなるでしょう。

【下山】　脅威システムとは，ご著書の中で解説されている「怒り，不安，嫌悪」，「動因，興奮，バイタリティ」，「満足，安全，繋がり」の3つの主要な感情制御システムの中の「怒り，不安，嫌悪」のシステムですね。

【有光】　そうです。脅威システムが作動して「これは大変だ」，「これはひどいことだ」と考えて，共感疲労の方に行ってしまいます。否定的な考えに気づいたら，脅威ではなく，違う脳のシステムのスイッチを入れるようにCFTでは教示します。3つの感情制御の理論を理解していただくことが大切になります。"共感"と"コンパッション"の違いは，すごく大事です。

【下山】　今のお話を伺っていて，日本の普通の相談の現状に関してとても学ぶことが多いですね。日本の心理職の多くは，脅威を受け

て苦しむ気持ちに共感をしつつ,「これだけでよいのか」という思いを持っている。しかし,苦悩への共感に替わる,次のビジョンを持てないでいる。そのことに薄々気づいていて,ネガティブなところだけでなくて,もう少しプラスの資源の可能性を見ていきたいと感じ,ブリーフセラピーやポジティブ心理学に注目し始める動きがあると思います。

5．CFT は，ユングの元型の概念も包含する

【下山】ネガティブな事柄だけでなく,ポジティブな事柄も含めて全体を抱えていくというところが CFT にはあると思います。CFT は,いろいろな感情を自然に,大らかに抱えていくことを支援する理論であり,方法であると思います。怒り,不安,嫌悪といった行為と自己防衛に関わる感情だけでなく,満足,安全,繋がりといった感情も含めて,いろいろな感情を統合するシステムをモデルとして提供してくれますね。

　　CFT は,人間の苦悩の解消に向けて支援することの全体を捉えようとしている印象があります。だからこそ,精神分析も愛着理論も,さらにはユングの理論も含めてモデルを形成している。ユングの元型の話が出てきた時には驚きましたね。

【有光】そうですね。

【下山】ご著書の中でユングの元型のことが言及されていたことから,自分なりに考えたことがありました。それは,私も含めて多くの日本の心理職が一生懸命学んできたユングの理論とはどのような意味があったのだろうかということです。若い心理職は知らないかもしれませんが,ある時期,日本の心理職の大半がユング学派の理論と実践に熱狂したということがありました。あれは,何だったのだろうかということです。

　　河合隼雄先生のユングの導入の仕方が上手であったということもあるでしょう。しかし,それだけでなく,日本の文化にフィットしたところがあったのかもしれないと思うのです。そのような

ユングの考えを，CFT の創始者であるポール・ギルバート先生が掬い上げている感じがするんです。

6．CFT は，東洋思想に啓発されて形成された

【下山】これは，私の印象ですが，有光先生は，どう思いますか。

【有光】私は，本書の翻訳をしていて，ユングのことを1冊か2冊読まないと本書で何を書いているのか分からないということを思いました。**コンパッションを考えた時にポール・ギルバート先生は，ユングも含めて精神分析も勉強されていたと思います。**

　CFT の成立の背景には，彼が統合失調症とか重度のうつ病と関わっていた経験があります。そういう人を見てこられて，どうにもならないということをすごく経験されてきたという。CBT もやっぱりできない，となっていた。そこで，その人の背景となる過去の履歴もすごく大事で，元型をイメージして，そして現在の感情も穏やかにしてもらう必要もあると考えた。そのようなポール・ギルバート先生の経験と考えが CFT のルーツになっています。

　彼は，イギリス人なのですが，その経験に基づく考えを発展させる上で，**東洋思想**にすごく啓蒙されているということもあります。ユングの集合的無意識も東洋にルーツがありますね。ポール・ギルバート先生は，仏教とかチベット密教とか，結構そういう文献を読まれている。それらを心理療法に取り入れようとしています。実際にそのようなものを消化して理論と方法を形成しています。

7．CFT における3つの感情制御システム

【下山】すごいですね。そのようなポール・ギルバート先生の経験と思索の結晶が，感情制御の3つシステムと，その相互作用の理論になっていくのですね。ここは研修会の肝にもなる部分だと思います。このシステムについて簡単に説明していただけますか。

【有光】脅威システムは, 恐怖や怒りを感じた時に脳の扁桃体を中心に活性化する。それに対して, 落ち着かせようとしたり, 反応しないように努力したりする。それは, 抑制とか, あとは反応抑止とかですね。その後に無関心になったりする。しかし, 自動的に反応してしまうので対処が難しい。

　それで, もう一つはポジティブ心理学とも関わりますが, 脅威システムを感じたら逆に何か良い思い出や楽しいことを思い浮かべて興奮させようとします。これは, **興奮（エキサイトメント）システム**と呼ばれるものです。ただし, これは弊害がすごくある。アディクション, つまり依存症の方に行ってしまいがちなのです。

　さらにもう一つあるのが, **癒し（soothing）システム**です。これは親しい人と一緒にいて気持ちが落ち着いてくるという状態です。オキシトシンという愛情ホルモンが分泌され, 長続きするし, 別にアディクションにもならない。さらに癒しシステムは, 気持ちを落ち着かせるだけでなく, いろんな人と関わり合いを持とうとしたり, これから自分がやっていきたいことに目を向けたりして, 前向きな気持ちにもなれるという効用もあります。

8．CFT は, 癒しのシステムを開発する

【有光】CFT は, この癒しシステムを開発していこうとするものです。今までの心理療法は, そこにほとんど注目していなかった。むしろ, 脅威システムをとにかく反応させないようにしたり, ポジティブ心理学で自分の気持ちを高めようとして興奮のシステムを作動したりしていたわけです。

【下山】エクスポージャーも, ある意味で「前向きに脅威システムに対処しましょう」というスタンスだと思います。そこには, Doing の発想があります。心理療法に限らず, 日本人は「前向きに頑張りましょう」をモットーに働きすぎたりする。これは, 興奮システムを無理に作動させて, それで疲れてしまっている。それが, 日本の現状ですね。

【有光】そうですね。目標を作ってそれを達成するということばかり
　　　　を教えています。しかし，目標を達成しただけでは満足しなくな
　　　　って，「もっと頑張らなければ」と考えて疲れてしまう。

【下山】CFT は，３つのシステムの相互作用の中で「なぜコンパッ
　　　　ションが必要なのか」を説明し，日本人にとって親近感を持てる
　　　　形でコンパッションの意味づけを明確にしていると思いました。

9．CFT を通して心理職自身の気持ちを癒す

【下山】それと関連して CFT が取り扱っているテーマで，日本人が
　　　　親近感を持つのが"恥"の感情ですね。CFT における恥の扱い
　　　　方は，東洋人や日本人にとってフィットするものだと思いました。
　　　　最後に，その点も踏まえて研修会参加を考えている皆さまに CFT
　　　　を学ぶメリットのようなものを伝えていただけないでしょうか。

【有光】まずは日頃のご実践とかでお疲れになっている方に参加して
　　　　いただきたいですね。まず自分の気持ちを癒してみようというと
　　　　ころから始めていただくというのもいいかなと思います。あとは，
　　　　マインドフルネスなどの第三世代の認知行動療法とか関心がある
　　　　方にも当然フィットすると思います。難しくはないので，ぜひ多
　　　　くの方にご参加をいただきたいです。

【下山】日本の心理職のみなさんにとっては，とても役立つ内容で
　　　　すね。多くの心理職に関心を持っていただける内容ですね。特に，
　　　　ロジャースのクライアント中心療法，さらにユングや精神分析の
　　　　考え方に馴染んでいたという心理職にとっては，新しい地平が見
　　　　えてくる経験になると思います。

　　　　　ご自身が学んできた心理支援の方法の意味を確認できるととも
　　　　に，認知行動療法やマインドフルネスに違和感を持たずに学ぶこ
　　　　とができるようになります。その点で CFT は，いろいろな考え方
　　　　や方法をつなぐ機能を持っていると思います。とても包容力のあ
　　　　る理論ですね。

10. CFT とポリヴェーガル理論の関連

【下山】最後に，ご自身も CFT を学び，実践している福山大学の中野美奈先生から，有光先生にご質問がありましたら，宜しくお願いします。

【中野】私がお聞きしたいのは，CFT の 3 つのシステムは，**ポリヴェーガル理論**[1] と関連しているのかということです。ポリヴェーガル理論の関連からは，脅威システムによってフリーズしてしまうのが背側迷走神経複合体なのかと思ったりします。その癒しのスージングは，腹側迷走神経複合体とか，そういった辺りの活性化と結びついているのかと思ったりします。その点は，いかがでしょう。

【有光】感情心理学の研究ですと，ポール・ギルバート先生の 3 つの感情システムは脳の感情の種類です。「不安，恐怖，怒り」，「興奮や喜びなど」，「優しさや愛情など」は，それぞれ異なっています。ラブとエキサイトメントは違うということがあります。そのような知見に基づいてポール・ギルバート先生が形成した理論と方法が CFT です。

　ですので，**ポリヴェーガル理論と CFT は，根っこは同じ部分があるけれども，別の体系になっていると思います。**ポリヴェーガル理論の方が，より身体的なところに関わってくるように思います。

【中野】そうですね。よくトラウマ治療に関わっていると，どうしてもそこら辺に触れることが多いと思います。

中野美奈
／なかの・みな
（福山大学）

※ 1 ）ポリヴェーガル理論の解説本：『セラピーのためのポリヴェーガル理論』（春秋社）

11．CFT は，安心や安全感を重視する

【下山】CFT は，愛着の問題と絡んでトラウマのことにも関わって
きますよね。トラウマの治療となると，どうしても身体的反応も
関わってきます。その点で CFT も，トラウマの治療の経験に根ざ
しており，ポリヴェーガル理論と重なる面も出てくるのではない
でしょうか。

【有光】そうなんです。CFT は，"恥"の治療をテーマとしていま
す。"恥"は，元々トラウマ記憶があり，それで感情を感じなく
なるということがあります。無関心や解離ですね。重度の統合失
調症やうつ病の人も解離が生じることがあり，それに過去の虐待
記憶が関連する場合もあります。そのような場合に大切となるの
が，安心や安全感です。

　そのような安心や安全感を日頃から持っていることが大切とい
うことでコンパッションのワークは必要となります。安心や安全
感を抜きにして治療をしようとしても，脅威反応ばかりで治療は
進まない。そこにしっかりフォーカスしようというのが CFT です。

【下山】CFT は，安心や安全感をもたらす癒しシステムの重要性を
しっかりと理論づけていますね。しかも，それを脳科学の知見に
基づいて理論化しています。さらに，治療については，**機能分析
の方法**を積極的に取り入れています。その部分は，**CBT との共通
点**ですね。

【有光】そうですね。その枠組みを使っていますね。

【下山】CFT の枠組みは，とても総合的なものですね。そのような
CFT の理論と方法を研修会ではご説明いただき，さらにワークで
体験をさせていただけるということで，とても楽しみです。

臨床心理マガジン iNEXT
2023 年 9 月 21 日公開
（特集：秋だ！心理職のスキルアップの季節だ！）
Clinical Psychology Magazine "iNEXT", No.39-3

第9部

心理職の未来に向けて

第21章

協働を妨げる医学モデルを越えて

信田さよ子　下山晴彦

1．はじめに

　臨床心理 iNEXT では，「心理職の技能として"協働"の活用に向けて」と題するオンライン・シンポジウムを開催します。そこで，日本の心理支援において協働の重要性に早くから注目し，その活動をリードしてこられた信田さよ子先生に"協働"を巡ってのお話をお聞きします。信田先生には，シンポジウムの指定討論者としてご参加いただくことになっています。シンポジウムに先立ち，信田先生からメッセージをいただいています。それを受けて，信田先生にインタビューをしました。

【信田先生からのメッセージ】

　アディクション・アプローチがベースだった私は開業心理相談機関を長年運営し，21世紀に入ってから家族の暴力（DVや虐待など）に積極的に関わってきました。**アディクションも暴力も，福祉事務所，精神保健福祉センター，弁護士，家庭裁判所，婦人相談センターなどとの協働なくして「心理支援」は不可能でした。**そのような経験にもとづいて，当日は指定討論者という大役を果たしたいと思っています。

2．最初にお会いした頃の思い出

【下山】私が先生と最初にお会いしたのは 20 年近く前のことだったと思います。その頃の思い出として鮮明に覚えていることがあります。当時，私はロンドンで購入したポール・スミスのバッグを使っていました。そのバッグは，外からはポール・スミス製品とは分かりにくいものでした。日本では，ポール・スミスはまだあまり知られておらず，誰からも気づかれることはありませんでした。ところが，**信田先生は，お会いしてすぐに「それ，ポール・スミスね」と指摘されて**驚いたのを覚えています。

【信田】そうですか。私の一番早い下山さんの記憶は，東京国際大学で日本心理臨床学会[※1]があって，その分科会の企画者が下山さんで，私が質問した記憶があります。帰り道に東武東上線の駅の近くで偶然お会いしたとき，**「こんな学会つまんないから，新しいのをやってくださいよ」**と，下山さんに言った記憶があります。それに対して下山さんが**「新しい学会といっても，なんか可能性ないですしね」**と，諦めたような口調で言った。私も**「本当にね」**と言った会話をしたのを覚えています。

【下山】日本心理臨床学会は，多くの課題を抱えていますね。それは，今も変わらないような気がします。ところで，**先生の近著『家族と国家は共謀する』**（角川新書）を読ませていただきました。この本，題名からして凄いですね。先生は，この本では，かなり大胆な主張をされていますよね。**よくぞここまでお書きになられたという印象です。**タイトルだけでなく，中身も凄いですね。

【信田】原宿カウンセリングセンターの所長を 5 月いっぱいで引退して，今は顧問になったんですよ。縛りがなくなってそれで書けたっていうことはありますね。

【下山】今回のインタビューでは，このご著書で書かれている事柄に

ついてもお訊きしたいと思っています。ただ，最初から家族や国
家の権力の話となると，読者の中にはびっくりしてしまう方もお
られると思います。そこで，まずは今回のテーマである“協働”
に関連した信田先生のご経験を伺うことから始めたいと思います。

3．医師が無力なアルコール依存症の治療

【下山】以前，先生に「自分は，元々協働をすることから臨床活動を
　スタートした。だから，“協働”は自分にとって重要なテーマだ
　った」と伺ったことがあります。確か先生は，最初はアルコール
　依存の治療に携わっておられた。そこで，依存症の治療において
　協働に関わる経緯を含めて，先生にとっての協働の意味をお話く
　ださい。

【信田】アルコール依存症は，元々は慢性酒精中毒と言われていまし
　た。アメリカ精神医学会は，1970 年代の終わりぐらいに「アル
　コール依存症の治療は医者だけでは治療不可能な疾病である。つ
　まり，コメディカルの存在なくしては治療できない」という趣旨
　の声明を出しています。アルコール依存症は，そもそも犯罪とし
　て司法領域の問題なのか医療の問題なのか，よくわからない問題
　でした。だから，その治療方法は，多職種が連携していくことで
　成り立っていた。私はそこの中にいたということです。ところで，
　心理職というのは，医療の中でアイデンティティが脆弱ですよね。

【下山】非常に脆弱だと思います。

【信田】自分たちは保険医療制度の中でお金が稼げないのに，給料も
　らっていいのか，みたいな不全感がありますよね。ところが，依存
　症治療は，すでに述べたように多職種連携が当たり前だったので
　す。私なりに考えたのですが，医者が無力であることは，医者で
　ない私たち心理職にも役割があることを裏側で意味していた。そ
　ういう意味で，心理職としてアイデンティティ不全に陥りながら
　も，出会いが依存症治療だったから救われてきた面はありました
　ね。

【下山】今でも，心理職がアルコール依存の治療の現場に入職することは比較的に少ないと思います。当時はさらに少なかったのではないのですか。

【信田】ほとんど無かったはずですが，勤めた精神科病院がすごく特殊な状況だったんですね。先日，NHKがコロナ禍との関連で精神科病院の特集を取り上げていました[2]。実はクラスターのかなりの部分が，閉鎖病棟で発生している。ある病院は，院長が病院名をカムアウトしましたが，他の病院は名前も出

信田さよ子
／のぶた・さよこ
（原宿カウンセリング
センター）

していない。精神科病院ではコロナを治療する力がないので，全て都立松沢病院に救急搬送されることになり，初めて外部の目が入った。今も精神科病院の中には，畳部屋があり，コロナ陽性者を閉じ込めて南京錠をかけるような実態がまだあるんです。

【下山】コロナ禍によって，今でも続いている精神科病院や精神科治療の闇の部分が奇しくもあからさまになったのですね。

4．医者の下で働くのは絶対に嫌だ！

【信田】私が70年代に勤めた精神科病院も，入職する2年前にアルコール依存症患者さんからの告発があり，東京都の衛生局が監査に入り，院長が退職して心機一転医療法人化されたんです。そのスタートの時期に，偶然に友人の紹介で全く状況も知らずに入職しました。

　「この病院はどこでも忌み嫌われるアルコール依存症者を積極的に治療するんですよ」という新院長の姿勢のひとつとして，常勤の心理職が4人いた。上司も法務省矯正局から引き抜かれた方で

※2）ETV特集「ドキュメント　精神科病院×新型コロナ」（2023年）

したし，今から考えればすばらしい環境でした。アルコール依存症の治療が，心理職の業界では辺境に位置するということに，病院をやめてから逆に気付いたという，変わった経過ですね。

【下山】自分で選んだというより，就職したら偶然そういうところだったのですね。結果として，そこで学ぶチャンスもあり，心理支援が重要だということも知り，いろいろなことを経験された。

【信田】そう。最大のものは，精神科医はアルコール依存症に対しては無力ということを学んだ。つまり，薬ではアルコールを止めさせられないという，決定的なところで医者が無力であるということに立ち会った。それで「医者の下で働くのは絶対に嫌だ」という思いがむくむくと沸いたんですね。

【下山】なるほど。アルコール依存症だけでなく精神障害の治療においては，薬物療法の限界はありますね。そのような中で**アルコール依存症の治療においては，その薬物療法を中心とする精神科治療の限界が如実に分かる**わけですね。

【信田】そうそう。お酒をやめれる薬なんてありませんから。

【下山】お酒がまずくなる薬はあるにしてもね（笑）。先生は，精神科医療の限界をアルコール依存症の治療を通して身をもって知ったということですね。それとも関連して，メンタルヘルスの活動における多職種の"協働"についてテーマにしていきたいと思います。私は，**多職種の協働を妨げる要因として医学モデルがある**と思うのですが，いかがでしょうか。少なくとも，アルコール依存症の治療には，医学モデルが有効ではなかった。そのような状況において，どのような協働をされたんですか？

【信田】協働が先にありきではなかった。「**当事者，つまりアルコール依存症の患者さんにとってどのような治療体制が必要か**」ということから始まった。それが結果的に協働につながるわけです。そこでは，作業療法士，看護師，ソーシャルワーカーに加えて，かつて患者さんだったスタッフがいた。

　今でいうと，リカバリングスタッフ，当事者スタッフとでも言うのでしょうか。その人々と一緒にグループ療法をした。私は，大

学ではサイコドラマ（心理劇）をとおしてグループ活動を学んでいた。その病院でも，個人の治療というよりもグループ療法を何種類もやっていました。

【下山】そのグループには作業療法士やソーシャルワーカーも参加していたのですか？

【信田】はい。そのような職種の人も参加します。当時はグループ療法は医療保険の点数の対象外でした。今では，**医者の指示によるグループ（集団療法）は点数になりますが，コメディカルに任せて保険点数をとることが多いと聞きます。**断酒会の人の体験談を聞くことはたくさんあった。それはとても先進的な試みでいい勉強になりました。

【下山】当事者参加の"協働"ですね。

【信田】当事者参加というより，当事者主導ですね。つまり，「私たちはお酒のやめ方がわからないのに，この方はお酒やめられてすごいなあ」というスタンスでした。断酒会のおじさんに可愛がられたりしたんですよ（笑）。

5．権力を巡ってのチャレンジ

【下山】なるほど。そのような当事者主導の協働システムというのは，今という時代においても最先端の方法ですね。そこには，医学モデルという権威的なもの，つまり権力を越える試みがあったのだと思います。**70年代は，そのようなさまざまなチャレンジが行われていたと思います。大学紛争もあった。あれも，既存の権威や権力へのチャレンジでした。**

　その結果，世の中が騒然としていた。心理職関連では，若手が学会主導者を批判した日本臨床心理学会の分裂があった。いろいろな混乱もあった。しかし，そこには，**「権力というものをどのようにとらえ，どのように対応するのか」**という本質的な問題が出てきていた。そして，その問題に対して時代を先取りしたチャレンジがなされていた。今になってそのように思います。

【信田】そうですね。あの時代のことは,いずれ誰かがお書きになれ
ばと思っています。ただ,書く前にみなさん,もう亡くなられつ
つあるんです。私としては,あの辺のことをちゃんと書いてほし
いなと思うんですよ。

【下山】70 年代の日本臨床心理学会を巡る紛争と分裂ですね。日本臨
床心理学会の名古屋大会で問題が吹き出してきた。そのとき,私
の大学の先輩たちもその対立に深く関わっていました。私の指導
教官であった佐治守夫先生は,心理職の国家資格を目指す学会を
主導する立場の一人でした。

　しかし,佐治先生の後輩やお弟子さんの若手心理職の中には,学
会の主導部や国家資格に反対し,主導層を批判する人も少なから
ずいた。私の先輩たちが国家資格化に賛成と反対に分かれて対立
することになった。これは,私の出身大学だけでなく,当時の日
本全体の心理職の置かれた状況でした。それは,心理職の発展を
期待する者にとっては,残念な事態でした。

【信田】私はあのとき,名古屋大会の会場にいて,舞台では椅子投げ
たり,机を放り投げたり……。それで,私は怖くて逃げたほうで
した。すごかったですよ。電気も消えちゃってね。

【下山】結局,あのときの学会の紛争や対立は,「心理職が"権力"
とどのように向き合うのか」という本質的テーマが顕れたものだ
った。先生のご著書の『家族と国家は共謀する』も権力がテーマ
ですので,その点で重なります。今は,公認心理師という国家資
格ができているのですが,実は"資格と権力"は非常に密接に結
びついている。

【信田】今の日本心理臨床学会や日本臨床心理士資格認定協会の人た
ちがどのように考えるのかわかりませんが,私のように 70 年代
にあの資格の闘争を経験した世代の心理職には,資格と権力の問
題にはアレルギーがあるということはすごくよく分かりますね。

【下山】私は,信田先生の世代の少し後輩に当たり,その対立に直接
関わることはありませんでした。しかし,資格や権力を巡る問題
には触れる機会はあり,いろいろな思いが出てきます。

【信田】当時，心理職は，国家資格を得て権力の一部になるか，そう
　でなければ反権力になるしかないといった発想でした。今このよ
　うなコロナ禍の時代になって，ますます権力との関係で，心理職
　がどのようなポジションをとるのかが問われていると思いますね。

【下山】本当にそう思います。"協働"は，必然的に"権力"の問題
　とも関連してきます。この点については，後ほど改めて議論がで
　きたらと思っています。

6．当事者を含めた協働の体制へ

【下山】ここでは，先ほどのアルコール依存症における多職種協働の
　話に戻りたいと思います。アルコール依存症の治療において当事
　者の患者さんを含めた協働をされていたとのことでした。専門職
　だけの協働とは異なる難しさもあると思いますが，どうでしょう
　か。

【信田】難しさは全然ないですね。というのは，アルコール依存症と
　いうのは，当事者がとても発言力があるんですよ。だって，あの人
　たち，入院中は，自分がアルコール依存症って思っていない。だ
　から，「どうして自分がこんな所に入んなきゃいけないのか」，「入
　院期間はどうやって決められるのか」，「自分は他の人と違ってビ
　ールだけだから酒の害はない」などと，自己主張する人は結構多
　かったんですね。

【下山】なるほどね。病気だからという意識はないのですね。

【信田】アディクションの治療は，統合失調症治療中心の精神科医療
　と全然違うんですよ。だから，協働は，大勢いるスタッフが，い
　ろんな方面から答えられたほうがいいに決まっている。そこでは
　医者も，患者さんに対して「○○さん，よろしく」みたいな感じ
　で，対等にかかわる。ある意味ではものすごくプリミティブな協
　働となる。**当事者である患者さんとの合意や，激しいだまし合い
　をとおした治療ということになる。**だから，できる人がやるとい
　う協働ですね，当時は，そういう実践だったと思います。

【下山】それこそが最先端の協働ではないでしょうか。**患者中心という**
のが最も本質的な協働の意味ですよね。

【信田】ただ，それが"**協働**"という名前を付けられて，21世紀に
こんな話題になろうとは70年代当時は思ってもいないわけです
よ。いっぽうで脳への影響が注目され始めていて，アルコール性
痴呆（dementia）と呼ばれていましたので，知能検査や記銘力
検査もやっていました。それ以外はグループばかりやってました
ね。

【下山】やっていて手応えはすごくあったということですか。

【信田】手応えは，たぶん医者も含めて誰もないでしょ。だって，ア
ルコール依存症の患者さんの一部は，優等生です。退院するとき
は「おめでとうございます」，「さようなら」とみんなで言って病
院玄関で送り出すのだけれども，1週間後ぐらいでまた泥酔して
戻ってきたりする。こういうことが，当時一杯あった。

　それで，治療効果は誰も分かんない。そこはほんとに面白かっ
たですよ。今みたいにエビデンスといった言葉もなかった。実は，
今でもアディクションの治療エビデンスは曖昧だと思いますよ。

【下山】なるほど。社会がアルコール依存症の治療を必要としている
ので継続はしている。しかし，しっかりと治療できているのかと
いうことは，それとは別なのですね。

7．家族の支援へ

【信田】社会防衛というより，家族防衛ですね。アルコール依存症に
ついては，家族がほんとに苦しむ。東北地方では，夜中に酒を好
きなだけ飲ませて，泥酔したところを布団でくるみ，夜明けに病
院の前に放置しておくと，出勤した病院の人が入院させてくれる
という習慣があった。つい最近までそのようなことがあったと聞
きます。

　アルコール依存症の治療は，家族の防衛のために，本人に酒を
やめてもらわないといけないわけです。**家族と本人の利害の対立**

というのは，依存症・アディクションの現場では常識的な現実です。未だに「家族は治療協力者」なんて甘いことを言うのは，心理職くらいだけではないかと私は言いたい。

【下山】それは，先ほどのエビデンスのテーマと関わりますね。認知行動療法の有効性のエビデンスが出ているというのは，ある特定の治療しやすい環境を設定し，変数をコントロールして典型的な症状や問題行動を示す患者さんに治療をした場合の効果をみるものですね。つまり，生活場面の影響などを極力排除しての介入の効果ですね。

　ところが，アルコール依存症などは，ご本人だけでなく，家族などの環境などが直接，問題行動に影響を与えている。それがアルコール依存症の本質とも関わる。それが現実なわけですね。家族との対立や社会からの差別や排除などがある。そのような変数を外して効果研究をしても，そのエビデンスには意味がないということはありますね。

【信田】おっしゃる通りです。

【下山】今の話題で出たようにアルコール依存症の治療においては，家族をなんとかしてくれというニーズが強い。それを受けてということでしょうか，先生は次第に DV（Domestic Violence）や家族の問題に活動の対象を移していかれました。そのあたりの経緯もお教えいただけますか。

【信田】細かいことはさておき，80 年代に入りアルコール依存症の治療はそのままやり続けました。そうすると，今度は家族というものがテーマとなってきた。アディクションの当事者は，当事者だという自覚がないのです。周りから見たらどう見ても依存なのに，本人は生きるためにアルコールが必要と信じている。自分は飲みながらでも生きられると，最後まで信じている。半ば自殺的であり，半ば生存を信じているというパラドキシカルな存在がアルコール依存症の現実なのです。

　そのアルコール依存症のそばには本当に打ちひしがれ，裏切られ，暴力を振るわれている家族がいる。私は，そのような家族に対

してこそ，**心理職ができることがある**と思っていた。当時は，自
分は心理職という自覚もなかったわけですけど（笑）。ただ，少な
くともそれは医者にはできないことだということはわかっていた。

【下山】心理職だからできるというのではなく，できることを考えて
いたら家族の支援に行き着いたということですね。それでは，次
は家族や DV の問題解決に向けての活動，さらには心理職のアイ
デンティや社会的役割というテーマと関連して協働の可能性につ
いてお話をお聞きしていきたいと思います。（次章に続く）

臨床心理マガジン iNEXT

2021 年 8 月 17 日公開

（特集　協働を巡る信田さよ子先生との対話）

Clinical Psychology Magazine "iNEXT", No.21-1

心理職の存在の根拠を問う

信田さよ子　下山晴彦

1．医師中心のヒエラルキーの末端に居たくない

【信田】 私はあるときまで自分のアイデンティティは，PSW（Psychiatric Social Worker；精神科ソーシャルワーカー）だった。ソーシャルワーク的な発想で活動していた。そのような私の経験から，**公認心理師という資格は，ソーシャルワークができないと生き残れないと思う**。棲み分けと言っている場合ではなく，ソーシャルワークができないとまずいし，それによって存在価値が増す時代が来る，いや来ていると思いますね。

【下山】 アルコール依存は個人の問題のようでありながら，実際には社会的・環境的な問題ですね。そして，当事者に一番近いところにある社会環境は家族。そこで先生はソーシャルワーク的に家族，そして社会環境に関わっていった。家族では，アルコール依存症の裏側に DV があったということですね。

【信田】 ソーシャルワークが重要だと思う理由は，まず家族に関わったことからです。それと，臨床現場のもつ制約性，特殊性によって理論的にも影響されたということもある。例えば，心理職の臨床現場が大学の相談室なのか，病院臨床なのか，スクールカウンセリングなのかによって，その人のアイデンティティのあり方は異なってくると思います。その点，私は 1980 年代半ばから，アディクションを専門とする開業の場で，1995 年からは開業心理相談という場で臨床を続けてきたので，もう 40 年近いですね。だ

から病院臨床は出発点でしかない。あんなものは絶対嫌ですね。

【下山】病院臨床の何がそんなに嫌なのですか？

【信田】だって医療というヒエラルキーの末端にいたくないですよ。最後は医者が全部権限を持っている。そこに心理職がぶら下がっている。そのような状態で給料をもらっても心理職としてのプライドが保てない（笑）。

【下山】よくわかります。でも，公認心理師法は，それを法律にしてしまった。専門職は独立したものであり，本来各職種は平等であるべきです。世界のメンタルケアはそれを前提とした多職種協働チームでの活動が進んでいる。ところが，日本は，未だに医師に突出した権力を与えてしまっている。日本ではこれだけメンタルヘルスの問題が噴出しているのに，それを主導してきた医師の責任を問うどころか，その医師に心理職をコントロールする権利を与えた不平等条約の法律を作ってしまった。世界的に見たら，奇妙なことが起きています。

【信田】そうですね。だから，私は病院のことは知らないことにしている（笑）。そこには居たくないから。

2．アディクションの相談を開始する

【信田】私が開業臨床に最初に関わったのは，ソーシャルワーカーを主とした相談機関でした。精神科医の斎藤学さんが 80 年代のアメリカのアディクション援助の実態を知り，日本でも同じような機関を立ち上げ，family intervention（家族への初期介入）を目的として設立した相談機関でした。そこに 10 年間いて，本当にいろいろな勉強ができました。原宿カウンセリングセンターを作る前のことです。

【下山】そこでは，やはりアルコール依存症の治療が多かったのですか？

【信田】日本で最初に「アディクション」を専門に扱ったのは，その相談機関です。当時から，盗癖，ギャンブル依存，リストカット，

摂食障害，薬物依存などを対象としていましたし，ゲーム依存もありました。AC（アダルトチルドレン；後述）の相談も日本で最初だったと思います。家族対本人が 2 対 1 の割合だったでしょうか。アルコール依存症者の妻，摂食障害の子どもの親，摂食障害本人，女性のアルコール・薬物依存症者を対象としたグループカウンセリングを週に 4 種類くらい実施していましたね。

【下山】そのような多様な活動をしておられたならば臨床経験を蓄積できますね。しかも，グループですから，いろいろな情報が入ってくると思います。

【信田】そのときに私が学んだのは，「いわゆる心理臨床の学問は全然役に立たないなあ」ということだった。当時の日本心理臨床学会は，精神分析系の人たちの同窓会のような雰囲気があり，私は馴染めなかった。女性のアルコール依存症者に関する自主シンポジウムを企画したんですが，参加者が 2 名しかこなかった。その現実を突き付けられたとき，「ああ，心理臨床の業界はアディクションには全く関心ないんだな」と思った。それもあってアイデンティティがソーシャルワーカーへとぐんと傾いてしまったんです。

【下山】当時の日本心理臨床学会は，河合隼雄先生の影響力が非常に強かった。**内的な世界，つまり個人の主観的な世界に焦点を当て，夢や箱庭などイメージについての議論が中心だった。しかし，実際に解決しなければいけないのは，現実の問題行動だった。**現実の生活世界において問題行動として何が起きているかをみていかなければいけないのに，それには関心のない心理職があまりに多くなってしまった。

　しかも，そのような問題行動は，家族との関連で起きることが多かった。家庭内で暴力があったりしたのに，そこを扱わずに内的世界の話に終始する心理職が多くなっていた。でも，アルコール依存の問題は，内的的世界だけの問題として語れるものではないですね。

【信田】うんうん。その職場では，心理職は常勤の私と非常勤の女性の 2 人だけで，あとは全員ソーシャルワーカーという面白い集団

でした。月1回の事例検討会を夜間に開催すると，首都圏の福祉事務所のソーシャルワーカーや保健師さんがおおぜいやってきて，終了後は原宿のメキシコ料理店で語り合ったりしたものです。当時（80年代末）には，ギャンブルや薬物依存の自助グループがいっせいに誕生し，またメディアのひとたちも取材に訪れたりしましたので，アカデミックではなく，協働という以前の筑前煮みたいな感じでした。とても面白かったですね。

3．混沌とした現場から心理職の存在の根拠を考える

【下山】"ごった煮"みたいですね。それと関連して，私は先生のご著書を読んでいて不思議に思うことがあります。それは，**先生は"ごった煮"のような混沌の現場で臨床活動を体当たりでやってきておられる。ところが，ご著書では，その臨床経験の意味を整理して文章として構成し，さらに理論化しておられる。**多くの心理職は，外国での理論の受け売りをするか，あるいは臨床現場に埋もれてしまうかのどちらかになっている。しかし，先生は，経験からご自身の理論やモデルを出している。それは，先生の生き方なのでしょうか。

【信田】私が哲学科出身だったことが大きいかもしれません。**何より自分の頭で考えることの大切さを，1960年代末からの嵐のような学生運動から学んだ。受け売りや物まねの醜さを見てきました**ので。それと，1995年に独立して原宿カウンセリングセンターを立ち上げた。そのことが大きいですね。心理職をメインとして，常勤スタッフも含めて10名の女性でスタートしました。原宿という場所で，賃料も含めて独立して経営すること，後ろ盾なくクライアントからの相談料だけで採算をたてるための方程式，これを解くのが難しかった。そのとき常に恐れていたのは精神科医でした。**精神科医に「あなたたちがこれだけの料金をとって，これだけのプログラムを実施する根拠がどこにあるか」と問われたときに，ちゃんと理論的に答えられないといけないと思った。**

　　医者は,「自分たちは医師です。医療保険制度があります」と言う。それに対して, 当時の心理職は臨床心理士という民間資格だけで, 国家資格はなかった。そんな私たちが, 料金をとり, 面接, グループ療法をやることを正当化する根拠はどこにあるかということが問われた。**私は,「そのためには理論構築をせねば」と思ったんです。** そこから 1999 年に『アディクション・アプローチ――もうひとつの家族援助論』(医学書院)を書き,『依存症』(文春新書)を書いた。精神科医が書く前に私が書かなければと思って。

【下山】そうだったのですね。ところで, ご自身のアイデンティティはソーシャルワーカーであったとのことでしたが, 原宿カウンセリングセンターを設立するときは心理職でやろうとされたのですね。しかも, 心理職が依って立つ根拠はしっかりと構築したいとのお気持ちでおられた。そのために本も書かれた。そのときは心理職にこだわるようになっていたのですか。

【信田】それは, 喩えるならば次のようなことです。アメリカが好きでアメリカに行って, アメリカ人として生きようと思ったとしても, あるときどうしても肌の色や言語・習慣などから「やっぱり日本人じゃないか。自分は」と思わざるを得ない。結果として「やっぱり日本人としてアメリカで生きるしかない」と判断するようなものです。ソーシャルワークに違和感はなかった, 今でもそれは変わりません。頭の中で描くのは介入の順序だったりしますので。でも, 1995 年に独立し, 相談機関を立ち上げる際に, 私にあったのは臨床心理士の資格だけだった。だから臨床心理士として生きるしかないと思ったんですよ。でも, 当時から今にいたるまで, ホームページ上には心理とか心という言葉は使用していません。

【下山】なるほど。信田先生は, 活動としては「心」といった枠組みを超えて仕事をしていた。しかし, 立場としては心理職の資格を使わざるを得なかったのですね。臨床心理士を認定する日本臨床心理士資格認定協会は, 内的世界を大切にする河合隼雄先生の影響力がとても強かった。ところが, そのような内的世界とは全く

異なる現実の中で開業をするときには，信田先生は，その臨床心
理士資格を使うことになったのですね。

4．ダイバーシティの中の少数派でいたい

【下山】河合先生と同席したシンポジウムで私は「臨床心理士は，も
っと社会的場面に関わっていかなければいけない」という趣旨の
発言を，意図的にしてみた。それに対して河合先生は激怒しまし
たね。そのとき，「やはり河合先生は，臨床心理士の社会意識の欠
如を言われるのが一番に嫌なんだ」と確信しました。当時は，そ
のような臨床心理士という資格であっても，使わざるを得なかっ
たわけですね。信田先生として，そのような内界中心の心理職の
傾向に対するアンチテーゼとして，あえて臨床心理士資格を使っ
たということがあったのですか。

【信田】それはないですね（笑）。単純に対クライアント的に資格が
あったほうがいいというだけですよ。スクールカウンセラー制度
もできたばっかりの 1990 年代後半でした。臨床心理士という資
格があるんだと世の中に思われ始めた時代ですね。AC（Adult
Children；アダルト・チルドレン）の本[1]を書くときに，その
肩書きが欲しかったくらいですね（笑）。

　その頃，ある人に「外から批判してばっかりいないで内部から
変えたらどうか」，「日本臨床心理士会の理事に立候補したらどう
か」と言われた。最初は「嫌だ」と言いました。しかし，「理事を
やったら信頼度増すかな」と思いまして立候補して当選した。ち
ょうど河合先生が亡くなられた後ですね。理事会に出てみて周辺
の人との違和感はありました。でも，肩書きに理事があると，権
威があるみたいに思えましたね（笑）。

【下山】私の感想ですが，先生のご著書を読んでいると，単純に心理
の資格が欲しかったというだけでなく，「今の心理職のやり方で

※1）信田さよ子（1996）アダルト・チルドレン完全理解．三五館．

はダメなんだ」という宣言をしているように感じます。当時の臨床心理士は，内的世界重視一辺倒でした。そのような中で臨床心理士会の理事になって，「社会や人間関係に関わることが必要でしょ！」と主張されていたように思うのですが，どうでしょうか。あえていえば，当時の内的世界重視の心理職ワールドを壊したいというお気持ちはなかったのでしょうか。

【信田】私は壊すというより，「どうぞそのままお行きなさい」という感じでしたね。「私みたいな人でも投票してくれる会員がたくさんいるし，世の中はダイバーシティでどんどん変わってきてるし」という感じでしたね。それと，個人的なことですが，父親から「鶏口となるも牛後となるなかれ」と言われてきたこともありますね。「誰もやらないことをやれ」と言われてきたので，誰もやっていないところが好きなんです。

【下山】その感覚わかります。しかもダイバーシティの中の少数派でやりたいということですね。

【信田】そうです。おっしゃる通りです。

5．権力のヒエラルキーの中で協働を組み立てる

【下山】ダイバーシティということで，本当にさまざまな人々がいる。心理職の中にも，他の専門職の中にもいろいろな人達がいる。そのようなダイバーシティの中で協働していくコツはどのようなことでしょうか。アルコール依存症の治療では，「薬が効かないので医者の権力中心のヒエラルキーが成立しなかったことが協働するためには良かった」という趣旨のこともおっしゃられていた。その点も含めてダイバーシティな中で仕事をされてきた信田先生の長い経験から見出された協働のコツのようなものがあれば教えてください。

【信田】冒頭で下山さんが言われていた"権力"とものすごく関わると思う。例えば，身長 1 m の人が 10 人いて協働するのか，それとも身長 3 m，2 m，1.5 m の人がいる中で協働するのはいかなる

ことなのかということです。そこにある力の差を見ないといけない。**協働というのは美しい言葉だから意味もなく使われる。しかし，それは残念なんです。協働は力の差を見ないといけない。**力のある人は，力の差が見えない，残念ながら。そして，対等だと思いたがる。それは私も同じだと思います。

【下山】力を持っているというのは権力のことですか，それとも能力のことですか。

【信田】権力です。権力と能力は無関係でしょ。能力はみんなわかるから協働に支障にならない。けれども権力は違う。特に公的機関，たとえば省庁間の権力差などは協働において現実的な課題となる。**私が対応していたアルコール依存症の家族は暴力まみれだった。**そのため，21世紀になってからの私のメインな臨床は，ほとんど家族の暴力の問題を扱ってきた。事例も「今日明日，無事にいられるかどうか」，「家に帰ると，息子がやってきて父を殺すかもしれない」といったもの，前夜に摂食障害の娘に花瓶で頭を割られて，包帯グルグル巻きの母親と朝一で会うとか，われわれの機関では結構多いのです。

　そうなったときに，「協働で誰を使えるか」ということが問われる。やっぱり弁護士，警察，それから児童相談所。一番，緊急度の高いときは警察ですよ。そういう意味で，**国家権力を使って協働をしていく。**弁護士という司法権力を使って介入することもある。だから，牧歌的に「全員同じ身長の5人が協働しましょう」という，春の野原みたいなものではない。**ものすごい急な崖があって，強風が吹きつけている中でどうやってクライアントの安全を守るために協働をするか，それが私の考える協働ですね。**

【下山】なるほどです。本来，協働は難しい。理想的な，春の野原の協働のようことを言っていたのでは協働はできないということですね。

【信田】そんなのやらなくていいよって思う。

【下山】ヒエラルキーがあるなら，そのヒエラルキーの中で，そのヒエラルキーを越えて新しい力を持って，協働を組み立てていくと

いうことですね。それが難しくても，どのようにするかを考える
ことが必要ですね。

6．心理職はリーダーシップをとることができるのか

【信田】要対協はご存知ですか。要保護児童対策地域協議会のことで
す。要対協は，子どもの虐待防止法ができて，悲惨な事件が今後
出ないように，いわゆる政府主導でできた協働の会議，つまり協
議会です。機能はしているのだけれども，**実際には協働は難しい。
それは，誰がリーダーシップをとるのかで変わってくる。**やっぱ
り，というか結局，医者がリーダーシップをとることになるんで
すよ。

【下山】それ聞いたことがあります。結局，心理職は意見が言えない
ということでした。

**【信田】心理職が国家資格となったとして，リーダーシップが取れる
のかということです。**要対協のような場で，虐待防止の対策をと
っていく上で，心理職はリーダーシップをとることができるよう
になるにはどうしたらいいのか。**それは，協働という言葉をさら
に超えて，協働の中にある力関係の中で明確な方向性を出せるか
どうかということです。**それは技量の問題になってくると思うん
ですね。

【下山】それに関して言うなら，公認心理師カリキュラムではリーダー
の教育は全くしてないですね。当然，公認心理師は，医者の権
力の下の立場ですから，医者という権力を超えてリーダーシップ
をとるということは夢にも考えない。さきほど，先生は，**「自分は
哲学をやっていたから，自分たちに何かができる根拠を考えてい
く」**という趣旨のことを話された。リーダーシップとは，その根
拠を考える力と関わってくると思います。

　権力とは，活動モデルと関わっていると思います。医学モデル
では医師が力，つまり権力をもち，リーダーシップをとりやすい。
先生が言われているフォレンジック（Forensic；司法）モデルも

そうです。裁判官，検事，弁護士が力をもつ。行政モデルでは，官僚が力をもつ。要するにモデルは，権力をどのように使うかを規定するもの。だから，力関係を越えていくためには，モデルを考えなければならない。

7．なぜ，日本の心理職は活動モデルをもてないのか

【下山】では，心理職のモデルをどうするのかということが課題になる。そのために，根拠を考え抜く思考力，哲学の力が重要となると思います。この力関係の構造を規定しているモデルはどのようなものか，そしてそれを超えるためにはどのようなモデルが必要なのか。それは，頭の使い方の問題だと思います。多くの心理職は，そのような発想にはなかなか行かない。

【信田】なぜ心理職のモデルはないのでしょうか？

【下山】それは，心理職の活動がフロイトやユングのような偉大な人にモデルを与えられ，それに従うことで始まったからではないですかね。それに日本の心理職は，認知行動療法も含めて外国から与えられるモデルに従って行動することが習慣化していますね。

　医療ならば生物学的な，何か脳の変異があるから，こういう病気が出るというモデルができる。精神医学もそのような疾病のアナロジーでモデルを作っている。フォレンジック（司法）モデルも，このような犯罪があればこのように裁くと決めることができる。

　ところが，“心”は，そもそも器官や制度のように形がない。そのために，決まったモデルが作りにくい。逆に言えば，どのようなモデルでも作ることができる。それで，日本でも森田療法や内観療法，動作法はあるにしても，多くは海外でさまざまな心理療法モデルが作られた。日本の心理職はそれを一所懸命に取り入れ，それに従って忠誠を尽くそうとする。しかも，心というのは融通無碍で捉え所がない。それで心を扱おうとすると不安になりやすく，さらに現在のモデルにすがろうとする。

【信田】下山さんがそういうモデルを創ってくださいよ。

【下山】創りたいですよ。昔，"つなぎモデル"※2）というのを創っていたんです。関係の中で物事が動いていることを前提とした心理支援モデルなのですが……。

【信田】つなぎ？

【下山】世の中の出来事は諸行無常であり，諸々の関係の中で動いている。心理職が目指すことは，その関係をつなぎ直していくというモデルを考えていたことがありました。

【信田】それは私，全く同感ですよ。

8．西田幾多郎の哲学でつながる

【下山】私は，心が捉え所ないものであっても，そもそも人間の存在はそういうものだと開き直ればよいと思います。ところが，多くの心理職は，心という訳の分かんないものを扱うために，何らかの確かなものを求めようとする。求めようとすればするほど，そのようなものはないので不安になる。それで，特定の心理療法のモデルや学派の理論に拠り所を求めるのではないかと思います。

　そのような諸行無常の世界に関わる心理職だからこそ，自分たちのしていることの根拠を考え続けることが大切だと思っています。実は，私も哲学をしたくて大学に入ったということがあります。

【信田】特にどの哲学ですか。

【下山】西田幾多郎をやりたかったんです。

【信田】何となく分かるわ。

【下山】中学ぐらいのときに，"ものがある"ということがどういうことなのか分かんなくなったんですよ。「現実って何なんだ。存在するということはどういうことなんだ」ということが分からなく

※2）"つなぎモデル"に関しては，『臨床心理学をまなぶ2　実践の基本』（下山晴彦，東京大学出版会）の4章（pp.249-275）を参照。

なって考え続けた。そしたら，存在や認識ということがわからなくなった。特に主観と客観の分裂に直面して動きがとれなくなった。そのようなときに西田哲学の"絶対矛盾の自己同一"ということに出会った。要するに思考や認識に優先して，そこに存在が生成する"場"があることが重要であるという理論ですね。

　それで西田幾多郎の哲学を勉強したくて大学に入ったんですね。しかし，大学に入って研究会に参加してみると，高校時代からギリシャ語を勉強しているといった哲学オタクが何人もいて，これは自分のいる場所ではないと感じて，哲学をすることは観念したんです。その頃，アイデンティティ，つまり自我同一性という概念が心理学にも取り入れられていたので，絶対矛盾的自己同一にどこかで通じるかと思って，心理学に転向したんです。

【信田】私は，お茶の水女子大学で松村康平先生の研究室にいたのですが，松村先生も西田幾多郎が好きだったんですよ。松村先生は自分の考えを関係論と言っていた。その原点に西田幾多郎がいるんですよ。

【下山】なるほど。確か，松村先生は心理劇をやっておられましたね。その心理劇の原点は関係論だということを，何かで読んだことがありました。

【信田】確かに哲学で根拠を考えて心理職のモデルをしっかりと作らなければいけないですね。私は，その根拠として経済があるのではないかと思う。下山さんは，心は捉え所がないと言っていた。しかし，開業をしている私にとって，収入があるかどうかという点で経済は客観的な実在です。そこから心理職もモデルを考えられるのではないかと思っている。（次章に続く）

臨床心理マガジン iNEXT
2021 年 8 月 25 日公開
（特集　協働を巡る信田さよ子先生との対話）
Clinical Psychology Magazine "iNEXT", No.21-2

第 23 章

日本の権力構造と心理職の未来

信田さよ子　下山晴彦

1．経済の観点から心理職の活動を評価する

【信田】私も，心理職の根拠という意味ではモデルを作れなければい
　けないと思います。それと関連して考えておかなければならない
　ことがあります。医者だと根拠として生物学的なものがある。司
　法だとちゃんと日本国憲法がある。下山さんが「心は何もない」
　とおっしゃった。しかし，私は，開業をしているので，収入があ
　るかどうかが重要となる。つまり，経済という客観的な実在があ
　るんですよ。
　　そうすると，どういうやり方で，どういう対象とするかが，い
　わゆるクライアントをしっかりと集客できるのかと関わってくる。
　「どういう方針でやっていけば，この相談機関にお客様（クライア
　ント）が来続けるのか」ということが，私にとっては，とても重
　要となる。クライアント，つまり当事者の視点，それから支持を
　得ることが，活動の根拠としてとても重要なのです。それは，医
　者にとって生物学的なバイオロジカルな視点に匹敵するぐらいの
　意味がある。これは，マルクスの言う，いわゆる下部構造として
　確かなものなんですよ。
【下山】それは，すごく面白いですね。
【信田】下山さんが嘆いている心理職の諸派分裂と仲間割れは，自分
　たちがどれだけ当事者に受け入れられているのかという発想がな
　いからではないでしょうか。例えば，がん治療の医療機関のラン

キングは，実施した手術の数で評価されています。日々どれくらい多くのがん患者さんに手術を行っているかどうかが，治療効果に匹敵するランキングの基準になっています。それと同様に心理職も，来談するクライアントの数，担当したクライアント数，そこからどれほどの経済的利益をあげられているのかという現実な評価の基準があってよい。

　1995 年から，私はスタッフに社保をつけて，賞与を出して，微々たるものですが昇給もしながら，原宿カウンセリングセンターを 25 年間運営・経営してきました。有限会社組織の経営者だったわけです。ずっと頭の中にあったのは，クライアントの数をどのように維持し，増やすかでした。このような経済的な観点は外部評価の基準になりますので，それがないと，心理職界隈というのは，プライドだけの，理論だけが錯綜した場になっていくと思うんです。

【下山】医療職は生物学の体系，司法職は法律体系といった基準がある。そして，その体系に即した活動をどれだけ適切に実行できているのかが，客観的な外部評価基準としてある。だかこそ，自らを客観的に評価し，まとまることができる。しかし，日本の心理職は，そのような外部評価できる体系がない。だから，自分の派閥やグループを基準にしてまとまって，内部対立を繰り返してきたということですね。それは，本当にそうだと思います。

　そこで，心理職にとって外部評価の基準となるのが，どのくらいクライアントに利用されているのか，そしてそれによって経済的に成り立っているのかという経済指標ということですね。そのようなクライアントの利用率は，同時に利用者がどれくらい心理職の活動にアクセスするのかということとも関連してきます。

【信田】そうです。おっしゃるとおり。

【下山】その点でクライアントの利用率は，心理職の外部評価というだけでなく，心理職への活動へのアクセスをどのように改善し，増やしていくのかという課題とも結びつきますね。

　しかし，今の日本の心理職の関連団体の幹部の多くは，自分た

ちの派閥やグループの会員を増やすといった内部的，自己愛的な視点しか持ち合わせていない。そのために，利用者が心理支援にどのようにアクセスし，活用するのかというパス（道筋）を，利用者の視点にたって改善していこうという発想にならない。

2．心理支援サービスへのアクセスを改善する

【下山】ところが，日本社会においては，心理職ワールドの内輪モメとは裏腹に心理支援を益々求めるようになってきていた。ちょっとした適応不全で不安になり，抑うつや不眠になっただけで多くの日本人は精神科や心療内科のクリニックや病院に行くようになっている。そして，薬物療法を受け，ときには多剤大量処方をされ，5分診療の通院を繰り返すことになる。心理支援によって改善される可能性がある問題でも，医療のクリニカルパス（医療への道筋）に乗せられてしまうわけです。

　国民がこのような悲惨なメンタルケア状況に置かれているのに，心理職は内部対立を繰り返しているだけで，視点が外に向かない。私が心理職の内部対立を嘆く理由は，心理職の関連団体の幹部のみなさんが利用者の視点をもって活動を展開できなくなっているからです。

【信田】私は，1995年から，医療パスとは別のアクセスをずっとつくってきたつもりなんですね。私は本をいっぱい書くって言われる。でも，それは，医療へのクリニカルパスとは異なる心理支援へのパスを作るためだった。

【下山】別に薬が必要でないレベルの人たちがクリニックや病院に行き，薬が出される。特に海外では精神科薬物の投与をなるべく控える子どもたちにも，日本では比較的容易に精神科薬物が処方される。精神科薬物は劇薬ですから副作用もある。それこそ，精神科薬物へのアディクションとなっている患者様も多い。そのようなことが起きてしまうのは，心理支援へのアクセスが非常に限られているからだと思います。

　　心理職は，この問題を喫緊の課題として取り組まなければいけないのに，お家芸のように内部対立を繰り返している。多くの利用者が気軽に利用できる心理支援サービスへのパスを作らなければいけない。それが，今の私自身の課題です。それで，アバター心理相談[1]を開発したりしています。

【信田】心理支援サービスへのパスの名称ですが，"心理"という言葉は使わないほうがよいですね。「**生きることへのエイド・パス**」とか，「**ライフエイド・パス**」とかのほうがよいと思います。そういうものを心の問題に限定しないほうがよい。**私たちは，そのようなパスを伝えるために 25 年間やってきたつもりです**。たとえば，本を書く，それからホームページを使う，SNS を使う，それから講演に行ったらとにかくカウンセリングに来てくださいと宣伝しまくる。あと，メディアに露出する，他分野の方々とつながる，コメントを求められたらちゃんと発言する，といった努力を重ねてきました。

3．利用者の利益を考えない心理職の関連団体

【信田】ところで，心理職の団体は，どうして，そのような利用者のアクセスについて考えないのでしょうか。下山さんは，心理職の関連団体の現状などをよく知っているのでしょ？

【下山】確かに以前には，そのような団体の理事をしていました。しかし，今はどの団体の理事も辞めているので，現状はよく知りません。今の自分は，心理職の関連団体の中で活動しようとは思っていません。私自身は，今は利用者のアクセスをどうして高めるの

※ 1 ）下山晴彦（2021）双方向アバター活用の心理相談サービス「KATAruru（かたるる）」の開発と実装．東京大学．https://www.u-tokyo.ac.jp/focus/ja/press/z0110_00002.html,
KATAruru（かたるる）サービス利用イメージ動画．YouTube. https://www.youtube.com/watch?v=YfDezGTPvW8

かに関心があります。しかし，現在の心理職の関連団体の多くは，利用者のアクセスといったことにはあまり注目しておらず，所属する派閥やグループの勢力拡大に関心がある人が多いように思います。そこに違和感があるので，心理職の関連団体の外部で活動をすることを選択しています。

【信田】 確か下山さんは，日本臨床心理士資格認定協会の理事でしたよね。よくそのような団体の理事をしていましたね。

【下山】 はい。随分昔に理事でした。理事は無給でしたが，社会勉強だと思って務めさせていただきました。理事の立場でしたが，内部から活動に批判的な意見を伝えることもありました。そのような態度がよくなかったのだと思います。ある時，理事の名簿をみたら，理事リストから自分の名前が消えていました。ですので，辞職ではなく，自然消滅でした。

【信田】 現在のようなコロナ禍において心理職のニーズはとても高まっている。だから，心理職関連の団体は社会に向けて無料の心理相談を積極的にやったら，ものすごく評価が上がると思うのですけどもね。

【下山】 確かにそうですね。

【信田】 心理職の関連団体は，もっと利用者からの評価を重視してもよいのではないでしょうか。さらに，利用者とか当事者の立場を，より尊重することもあってもよいと思います。最近，医療では「患者様」と言って，利用者の方を尊重するようになっています。しかし，心理職は，転移−逆転移等といった視点で当事者との関係をとらえがちですが，利用者からどのように自分たちが評価されているかを取り上げることがないのではないでしょうか。むしろ，心理職は，利用者からの評価を本当は知らないのではないかと思います。もしくはそんなものを気にする必要がないと考えているのかもしれません。

【下山】 心理職と利用者・当事者の間に権力構造ができてしまっているということでしょうか。

【信田】 それはありますね。さらに心理職の世界は，医療の手術件数

のように評価の外的基準がないので，外部から自らの権力のあり
方を査定されることがない。それってけっこう心理職にとって不
幸なことじゃないかと思うんですね。言葉では「当事者目線で」
と言いつつ，同業者ワールドしか知らない。心理職の関連団体の
中には会員から会費を徴収するだけで，それに見合う会員へのサー
ビスをせずに蓄財し，腐敗していくという危険性はあると思い
ますね。

4．医学モデルを超えるオープンダイアローグの可能性

【下山】確かにそのような危険性はありますね。ここでも権力の問題
が関わってきます。それと関連して次のテーマに移りたいと思い
ます。すでに話題になっていたことですが，協働において医学モ
デルの及ぼす影響について，改めてお話を聞かせてください。特
に医学モデルが協働を妨げる要因になっているとしたらそれはど
のような特徴があるからでしょうか。

　協働といってもただ仲良くするという意味ではなく，それぞれ
の職種がその専門性を出し合い，議論し合う中でより良い多職種
協働をすすめていくために，医学モデルとどう付き合うのかとい
うテーマです。そこについてはどう思われていますか。

【信田】医学モデル自身が非常に権力的ですよね。ある種の診断治
療，それから被治療者，治療者っていう，二項対立が医学モデル
だとしたら，すでに医学モデル自身が権力をはらんでいる。そこ
で不在なのは，やっぱり当事者の声，当事者との協働です。だか
ら，協働のなかでも当事者との協働が重要となっている。だから
こそ，今オープンダイアローグが注目されているんじゃないで
しょうか。オープンダイアローグの衝撃っていうのは，医学モデル
を一掃したことですよね。

【下山】オープンダイアローグを実践している方のお話をお聞きする
と，その新しさと同時に難しさもあって，あれを維持するって大
変なことですよね。

【信田】オープダイアローグは，金額的にペイしないから難しい。私たちのセンターでは，（他の開業心理相談機関と同じように）複数のスタッフが関わればその分料金が高くなるのは当たり前です。1 人でも 2 人でも同じ料金では，開業の場合はペイしないわけです。だから，オープンダイアローグが，医療保険で成り立っている医療機関ではなかなか実施できないことが，とてもよくわかる。現に私は，オープンダイアローグを 2 例実施中です。

【下山】それをペイはなしで実施しているということですか。

【信田】お金はもらいますよ，ちゃんと。それ相応の料金を支払っても希望される方がいるんです。オープンダイアローグに関しては，多くの書籍も出版されていて，心理職よりも，むしろ一般の方（家族の立場）に多く読まれているんじゃないでしょうか。効果はありますよ。精神科医も含んだ 4 人のチーム，もうひとつは心理職とソーシャルワーカーの 4 人のチームで，クライアントの自宅を訪問しています。コロナ禍では，オンラインに変えていますが。

【下山】訪問看護の，もっとしっかりしたみたいなものという理解でよいでしょうか。

【信田】オープンダイアローグは内容的には，方法より哲学だと言われてますし，創始者は心理士なんですよ。日本では，精神科医による往診と訪問看護を組み合わせて保険点数を計算することで実践しているところもあります。結局 2 万ちょっとしか収入にならないので，3 人のチームだったり，往復の時間と労力を考えると，なかなか採算が合わない。その時間患者さんを診てたほうが明らかに収入が高くなりますから。あれだけ鳴り物入りで評判だったのに，日本で実践が広がらないのは，今の医療保険制度の限界じゃないんでしょうか。

【下山】経済の論理はとても重要ですね。日本において権力的な医学モデルが今でも続いているのは，日本の健康保険システムがあるからです。その日本の健康保険システムは，たいへんな赤字を出しているのにもかかわらず，国がそれをペイさせてしまってい

るということですよね。その問題は，コロナ禍の中ですぐに医療体制が逼迫してしまう日本の医療のあり方によく示されています。国民だけでなく，政府の要請にも協力しない医療の現実からその問題の深刻さが見えてきていますね。

【信田】そういうことですね。

5．フォレンジック（司法）モデルの可能性

【下山】さらに次のテーマとして，フォレンジック（司法）モデルについてお話を聞かせてください。

【信田】私は，公認心理師の可能性を考えるならば，むしろフォレンジック（司法）モデルが重要になると考えている[※2)]。それは何かというと，**加害者**ですよ。で，今，社会のあらゆるシステムで明らかになりつつあるのは，ハラスメントの数々ですね。そして家族の暴力である，DV や虐待です。でも，日本の法律（子どもの虐待防止法・DV 防止法）は，防止と被害者の保護がメインであり，肝心の虐待する親，DV 加害者へのアプローチは明記されていません。

　被害を受けた存在をケアするだけって不十分ですよね。もちろん日本の心理職は，被害者支援やトラウマ治療がせいいっぱいだと思います。私は，被害者と同時に加害者へもアプローチするのが当然と思っていましたので，2005 年から DV 加害者プログラムに取り組んできました。そのモデルになっているのがカナダで実施されているものです。

　いっぽうで法務省の性犯罪者処遇プログラムの作成にもかかわりましたので，カナダには何度も視察に行きました。そこで衝撃を受けたのは，担当しているのがほぼ全員心理職だったことです。カナダでは刑務所と連携してコミュニティでも加害者プログラム

※2)『DV 加害者プログラム・マニュアル』（NPO 法人リスペクトフル・リレーションシップ・プログラム研究会編著，金剛出版）

を実施している。その効果測定を連邦共通のデータベースにもとづいて毎年行う。州単位のアメリカに比べると，カナダ連邦のサンプル数は多く，そこで出たエビデンスの確度も高いと言われています。

　それによって，**毎年プログラム内容が微調整されていくので**，担当しているサイコロジストは，研究者としても厚遇されて社会的評価も高いですね。ですので，ほぼすべての活動を心理関係者が担っている。それを見たときに，**日本の心理職は**，何故いつまでも医学モデルに拘泥しているのかと思いましたね。多くの心理職は，就職するのが病院でしょ。あまりにも情けない。

【下山】カナダもそうですが，欧米の心理職というのは，研究ができることが重要な役割になっていますね。**心理職が専門職として発展するためには，研究に関与できるスキルをもっていることです。**ところが，公認心理師は，その研究をすることが想定されていない。それは，公認心理師は，医師の指示の下で働く技術者あるいは実務者だからです。日本でも，心理職が司法・犯罪分野において，カナダのようなプログラムを統括運営できる専門職になっていけたらよいですね。

【信田】そうですね。だから，私は，フォレンジック（司法）モデルに今後の可能性を見たいと思っています。

【下山】確かにフォレンジック（司法）モデルにおいて心理職ができることは多くありますね。ただ，司法・犯罪分野の家庭裁判所の調査官の話を聞くと，裁判官が頂点にたつヒエラルキーがあり，その中で働かなければいけないという状況のようですね。

【信田】確かに法務省の内部ヒエラルキーというものはあります。でも，それは，医療分野の医学モデルのヒエラルキーとは，本質的に異なっている。**医療は，病院やクリニックの外部にいても，主治医として心理職を指示の下に置き，その内部に巻き込んでしまう巨大なヒエラルキーです。**

　しかも，医師は，明確な定年もなく，権力を実行し続けることができる。でも，裁判官は定年退職したら，もうただの人です。医

者って死ぬまで医者でしょ。だから，私は医学モデルの権力性と，フォレンジック（司法）モデルの権力性は，比べものにならないと思うんですよ。それで私は，フォレンジック（司法）モデルは，心理職がまだそこで活躍できる余地はあると思う。

6．日本のメンタルヘルス政策の遅れ

【下山】確かに日本では，医師が特別な権力をもっていますね。多くの国では，医療は国家のコントロール下に置かれており，医師は準公務員として公的な立場が強いと思います。ところが，日本の医療は，経済的には国民の保険制度，つまり国民の税金によって運営されているのにもかかわらず，国家のコントロールから外れている。私立病院も多いですし，医師会が強い。

　　今回のコロナ禍の状況で，日本は世界的にはコロナ罹患者が非常に少ないのにもかかわらず，すぐに医療が逼迫するのは，多くの医療機関がコロナ禍の治療に協力しなかったからですね。最近になって政府や地方自治体が重い腰を上げて，医療に協力を強く要請し，従わない場合には名前を公表すると言い出しています。そこでわかるのは，医療は国家がコントロールできないほどの権力をもっているということですね。国際的に見ると，それは，かなり特殊だと思います。

【信田】フォレンジック（司法）モデルについても，もちろん法務省内部の権力構造は厳然としてあります。でも，そこで行われるプログラムについては，今後，法務省は民間活力を積極的に取り入れていこうという意識が強いですね。法務省も外国に遅れをとっていることは理解しています。

　　韓国や台湾なども DV 加害者プログラムは実施していますし，多くの興味深い文献がありますね。ある人がジョークで「DV 加害者プログラムに国家が言及してない国は，日本と北朝鮮だけ」と言っていました。中東や中国，ロシアだって意外とやっていますしね。そう言うと，日本の男性の暴力がそんなにひどくないか

らだって反論されますが，そんなことはありません。コロナ禍での DV 相談数の増加はメディアでも取り上げられました。それにしても加害者プログラムについて日本は，韓国や台湾よりはるかに遅れていますね。

【下山】なるほど，日本はメンタルヘルス全般において政策が遅れているんですね。

7．複雑性 PTSD が取り入れられたことの意味

【下山】ところで，DV などの家庭内暴力とも関連するテーマとして，複雑性 PTSD の診断が最近取り入れられるようになりましたが，この影響はどのようなものでしょうか。暴力という点では，家庭内だけでなくて，学校における“いじめ”などとも関連してきます。複雑性 PTSD の概念とともに，暴力の及ぼす影響の深刻さっていうのが認識されるようになっていますが，先生は，それについてどのように思われますか。

【信田】もともとはジュディス・ハーマン（精神科医）が複雑性 PTSDという言葉を 1980 年の DSM-Ⅲに入れるように主張したのですが，拒否された。それは，ベトナム戦争後のアメリカで帰還兵を医療的に救済することが優先されたからと言われています。それから時は流れ，40 年経ってやっと ICD-11 で診断名に入った。それは，本当に歓迎すべきことだと思います。

　ある意味で“被害”というものの医療化が進むだろうと思いますが，私は，複雑性 PTSD の医療化については，基本はあんまり好ましいと思っていません。でも，日本の今の精神科医療は，複雑性 PTSD を扱えるほど余裕はないですよ。精神科医療は，それこそ経営維持のために追いまくられていて，午前中に外来診療で30 人から 40 人を診なければいけない。それは，人間業じゃないですよね。そんな人たちが複雑性 PTSD は扱えません。

【下山】そのような状況なので，複雑性 PTSD に関しては誤診されやすいということもありますね。複雑性 PTSD の症状が不安症，パ

ニック症，うつ病，場合によっては発達障害や統合失調症に間違われていた事例も多いのではないかと思います。**発達障害に加えて複雑 PTSD の枠組みが新たに出てきたことで，従来の精神医学の診断分類の体系を見直さなければいけない時がくるかもしれませんね。**

【信田】そうですね。おっしゃるとおり。

8．日本の権力構造と女性の位置づけ

【下山】次は，暴力の問題と関連する日本の文化についてお話を伺えたらと思います。先ほどおっしゃっていたように，日本は DV において加害者の問題を取り上げない傾向が強いですね。世界の中でも日本は特にその遅れが目立ちます。それは，日本の文化が要因としてあるのでしょうか。

【信田】それは文化じゃないですよ。明治以降の日本の国家の基本戦略は，家族を底支えすることで日本の国をまとめて統治するという，いわゆる家父長制だったわけですね。だから，介護だって何だって，家族の中の女性が最後は支えてきた。その女性は我慢強くなければならない。だからそれを女の美風とし，褒めたたえてきたわけです。ある意味，家族を強調することで福祉のお金が節約できたわけですね。だけど，**介護保険によって女性が介護から解放された。**結婚する・しない，子どもを産む・産まないも女性が決めるようになった。こうやって，非婚少子化がどんどん進むことで，本当に日本の国は困ったと思いますよ。

　でも，もし歴史の進歩があるとすれば，女性が誰も我慢しなくなることが進歩だと思うし，少しずついい時代になってきたと思っています。今はセクシャルマイノリティの存在も明らかになってきたし，耐えて我慢しなくてもいい。そう考えると，日本の家族は，今後，もっと別の方向に行くかもしれない，そう思いたい。

　でも，その希望とは裏腹に，あまり楽観はできないと思います。いっぽうで「家族愛を大切に」，「親をうやまえ」，「日本の美風」

を掲げる勢力が，現状に対してものすごい危機感を抱き，ネトウヨ的な言説を支持しているからです。私みたいな言説を，好ましく思わない人たちがいっぱいいる。SNS 上で，私なんか叩かれている。

【下山】夫婦別姓も，結局進まなかったですしね。

【信田】そうですね，残念ですが。それと DV 加害者を逮捕しないっていうのは同じ流れです。家族の中の暴力は，「家族に任せる」，「家族で解決する」のを推奨するからです。この 5 年でけっこう変わりましたが，基本的に DV の加害者に介入するよりも，妻を逃がすことが主眼でした。「法は家族に入らず」という近代法の原則は，明治から今まで変わりませんでした。そこにメスを入れないと，DV 加害者に対してプログラム参加を命令できないわけです。

【下山】なるほど。明治の時代につくった家父長制が機能しなくなっているのに，その現実を見ずに過去のあり方に拘る人たちがいるということですね。

【信田】それは，既得権益だから放さないんじゃないでしょうか。

【下山】でも，それだと，結果として日本がどんどん沈んでいきますよね。日本の高度成長のときは，まさに会社が家族でしたからね。男性はガンガン働いて，女性が家を支えて，日本を支えた，という構図ですね。それはもう成り立たなくなっているのに，変えられないですよね。

9．未来に向けての日本の心理職の課題

【下山】最後に，このような状況において日本の心理職は，どのようにしていったらよいのでしょうか。心理職の未来に向けて，先生の考えておられる課題を教えてください。

【信田】やっぱりユーザー，つまり心理支援の利用者の視点を大切にすることです。自分たちの相談援助によって助かる人がいる。その助かると思う人たちをどこまで大事にするかっていうことです。それは，原点ですよね。学派間の論争や理論構築も必要かもしれ

ませんが，いっぽうで自殺企図や暴力の問題を抱えるひとが助け
を求めていることを知ることでしょう。

　それからもう一つは，ソーシャルワークができること。心に注
目し，心の内部にどんどん焦点を置いていくという方向性や理論
を，私は否定しない。でも，"心理"の曖昧さゆえの社会的困難
さを考慮するならば，やはりソーシャルワークができることが重
要。それから，フォレンジックなものを対象とする，このような
方向性を開拓していく必要があるんじゃないでしょうか。**外に関
心を向ける，即応的で介入的役割が果たせるための教育がもっと
増えても良いと思う。**利用者とソーシャルワークの重視という 2
点ですね。

【**下山**】最後は，"利用者"の重視と"ソーシャルワーク"の重視と
いう 2 点にまとめていただきありがとうございました。**権力構造
を変えていくという点で日本の国も，日本の心理職もいろいろと
課題が多いですね。**先生との対談を通してその具体的な課題が見
えてきました。改めて貴重な機会をいただき，御礼を申し上げま
す。

臨床心理マガジン iNEXT
2021 年 8 月 31 日公開
（特集　協働を巡る信田さよ子先生との対話）
Clinical Psychology Magazine "iNEXT", No.21-3

おわりに

　本書は、「心理職」および「心理職を目指す学生」の会員組織「臨床心理iNEXT」のオンライン広報誌の記事に基づいて作成されました。2017年の公認心理師制度のスタートを受けて、当時私が在職していた東京大学の産学協創フォーラムとして「臨床心理iNEXT」を創設したのが2019年の春でした。同じ時期に遠見書房の山内俊介社長にオンライン広報誌の発行について相談をし、同社と「臨床心理iNEXT」が協力して「臨床心理マガジンiNEXT」を2020年4月より発行することとなりました。

　ところが、2020年の初頭に始まったコロナ禍は急激に勢いを増して、緊急事態宣言が出されました。そのため、テーマを急遽「緊急特集：新型コロナ・ウィルスを乗り越えるために」に変更し、創刊号を同年の4月16日に発行しました。それから2年間は、コロナ禍の中での心理職の活動の発展を模索することが課題となりました。

　そのような時期にスタッフとしてマガジン編集に協力いただいたのが当時の東京大学の私の研究室の特任助教であった北原祐理さんと、特任研究員であった原田優さんでした。2022年春に私が東京大学を退職し、跡見学園女子大学に異動した後には、マガジン発行は臨床心理iNEXTのみが担当することとなりました。編集は、引き続き原田優さんと、臨床心理iNEXT研究員の田嶋志保さんに全面的に協力をいただいています。原田さんには、主にマガジンのデザインをお願いしています。田嶋さんには、主に校正作業をお願いしています。

　本書を発行するにあたり、対談にご協力をいただいた皆様、そして「臨床心理マガジンiNEXT」の編集・発行にご協力をいただいた皆様に、心より感謝申し上げます。

　　　　東京大学下山研究室の同窓会を1カ月後に控えた春宵に
　　　　　　　　　　　　　　　　　　　　　　　　下山晴彦

著者一覧（掲載順）

下山晴彦（しもやま・はるひこ：跡見学園女子大学，東京大学名誉教授）
　＝編著者

黒木俊秀（くろき・としひで：中村学園大学，九州大学名誉教授）
北原祐理（きたはら・ゆうり：筑波大学学生相談）
茂木健一郎（もぎ・けんいちろう：ソニーコンピュータサイエンス研
　究所上級研究員，東京大学大学院特任教授（共創研究室，Collective
　Intelligence Research Laboratory），東京大学大学院客員教授（広域
　科学専攻））
石原孝二（いしはら・こうじ：東京大学）
東畑開人（とうはた・かいと：白金高輪カウンセリングルーム）
山崎孝明（やまざき・たかあき：こども・思春期メンタルクリニック）
糸井岳史（いとい・たけし：路地裏発達支援オフィス）
岡野憲一郎（おかの・けんいちろう：本郷の森診療所，京都大学名誉教授）
宍倉久里江（ししくら・くりえ：東洋英和女学院大学）
野中舞子（のなか・まいこ：帝京大学）
小倉加奈子（おぐら・かなこ：成仁病院こころの発達支援室）
田中ひな子（たなか・ひなこ：原宿カウンセリングセンター）
平野真理（ひらの・まり：お茶の水女子大学）
池田暁史（いけだ・あきふみ：大正大学）
有光興記（ありみつ・こうき：関西学院大学）
中野美奈（なかの・みな：福山大学）
信田さよ子（のぶた・さよこ：原宿カウンセリングセンター）

編著者略歴

下山晴彦（しもやま・はるひこ）：跡見学園女子大学心理学部教授。東京大学名誉教授。東京大学教育学研究科修了。博士（教育学），東京大学学生相談所，東京工業大学保健管理センター，東京大学大学院教育学研究科臨床心理学コースを経て，現職。跡見学園女子大学心理教育相談所長を併任。

そもそも心理支援は，精神科治療とどう違うのか

対話が拓く心理職の豊かな専門性

2024 年 5 月 19 日　第 1 刷
2024 年 8 月 30 日　第 2 刷

編 著 者　下山晴彦
発 行 人　山内俊介
発 行 所　遠見書房

株式会社　遠見書房
〒 181-0001 東京都三鷹市井の頭 2-28-16
TEL 0422-26-6711　FAX 050-3488-3894
tomi@tomishobo.com　https://tomishobo.com
遠見書房の書店　https://tomishobo.stores.jp

印刷・製本　モリモト印刷

ISBN978-4-86616-192-1　C3011
©Shimoyama Haruhiko 2024
Printed in Japan

事例検討会で学ぶ ケース・フォーミュレーション
新たな心理支援の発展に向けて
（東京大学名誉教授）下山晴彦編
下山晴彦，林直樹，伊藤絵美，田中ひな子による自験例に，岡野憲一郎らがコメンテーターの事例検討会。臨床の肝をじっくり解き明かす。3,080 円，A5 並

よくわかる 学校で役立つ子どもの認知行動療法
理論と実践をむすぶ
（スクールカウンセラー）松丸未来著
ブックレット：子どもの心と学校臨床（7）子どもの認知行動療法を動機づけ，ケース・フォーミュレーション，心理教育，介入方法などに分け，実践的にわかりやすく伝えます。1,870 円，A5 並

天才の臨床心理学研究──発達障害の青年と創造性を伸ばすための大学教育
名古屋大学創造性研究会（代表 松本真理子）編
ノーベル賞級の「天才」研究者たちの創造性の原点とは？　才能をつぶすのも，広げさせるのも大学教育にかかっている現在，天才たちの個性と周囲のあり方を考えた 1 冊です。2,200 円，四六並

学校における自殺予防教育のすすめ方［改訂版］
だれにでもこころが苦しいときがあるから
窪田由紀・シャルマ直美編
痛ましく悲しい子どもの自殺。食い止めるには，予防のための啓発活動をやることが必須。本書は，学校の授業でできる自殺予防教育の手引き。資料を入れ替え，大改訂をしました。2,860 円，A5 並

読んで学ぶ・ワークで身につける
カウンセラー・対人援助職のための面接法入門
会話を「心理相談」にするナラティヴとソリューションの知恵
龍島秀広著
初心者大歓迎の心理相談面接のコツをぎゅっと凝縮した一冊を刊行しちゃいました。お仕事，うまく出来てますか？空回りしてません？　1,870 円，四六並

心理療法・カウンセリングにおける スリー・ステップス・モデル
「自然回復」を中心にした対人援助の方法
若島孔文・鴨志田冴子・二本松直人編著
3 つの次元で進める心理支援法スリー・ステップス・モデルを詳しく解説した 1 冊。個人でもコミュニティでもさまざまな場面で活用できる。2,860 円，A5 並

オープンダイアローグとコラボレーション
家族療法・ナラティヴとその周辺
浅井伸彦・白木孝二・八巻　秀 著
オープンダイアローグを多方面から見てみることで，オープンダイアローグと，その周辺の支援理論，哲学などを解説し，オープンダイアローグ実践のための基本をまとめたものです。3,080 円，A5 並

エンカウンター・グループの理論と実践
出会いと成長のグループ体験を学ぶ
（九州大学名誉教授）野島一彦 著
エンカウンター・グループを 50 年以上にわたって実践と研究を牽引してきた著者による論集。グループのダイナミズムや特長を描き出し，理論と方法を余すところなく伝えます。3,080 円，A5 並

心拍変動バイオフィードバック
こころを「見える化」するストレスマネジメント技法
（愛知学院大学教授）榊原雅人編著
心を“見える化”し，自律神経の調節機能を向上させるストマネ技法・心拍変動バイオフィードバック。この第一人者である編者らの一冊。3,080 円，B5 並

心理アセスメントの常識
心構えからフィードバックまで基礎と実践の手引き
（東海学院大学教授）内田裕之 著
心構えから行動観察，ロールシャッハ，バウム，SCT，知能検査，質問紙等のアセスメント手法のコツ，解釈，バッテリー，フィードバックまで，心理アセスメントの教科書です。2,200 円，四六並

価格は税込です